NEO ECONOMY ネオ・エコノミー

世界の知性が挑む経済の謎

日本経済新聞社［編］

日本経済新聞出版

INTRODUCTION

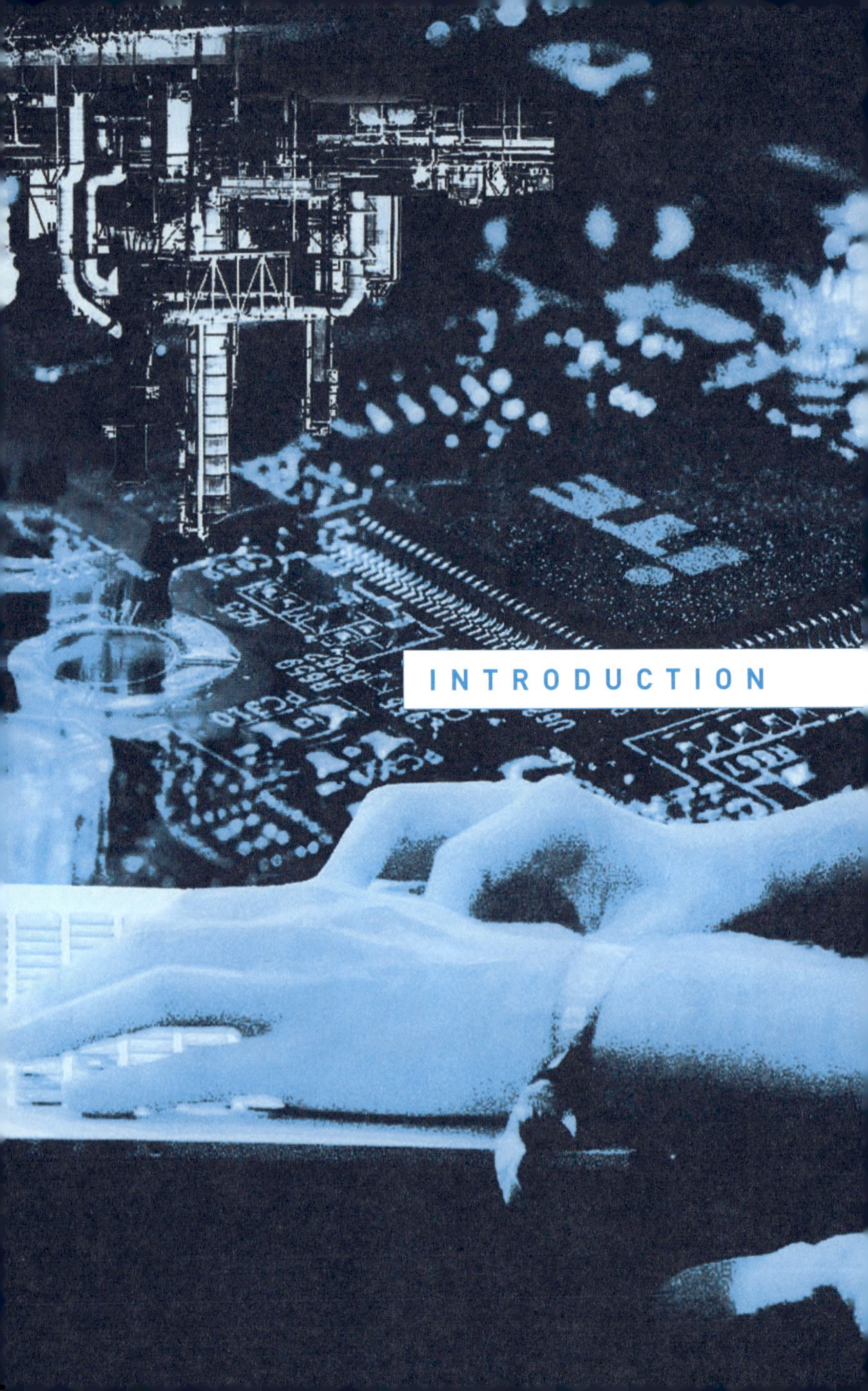

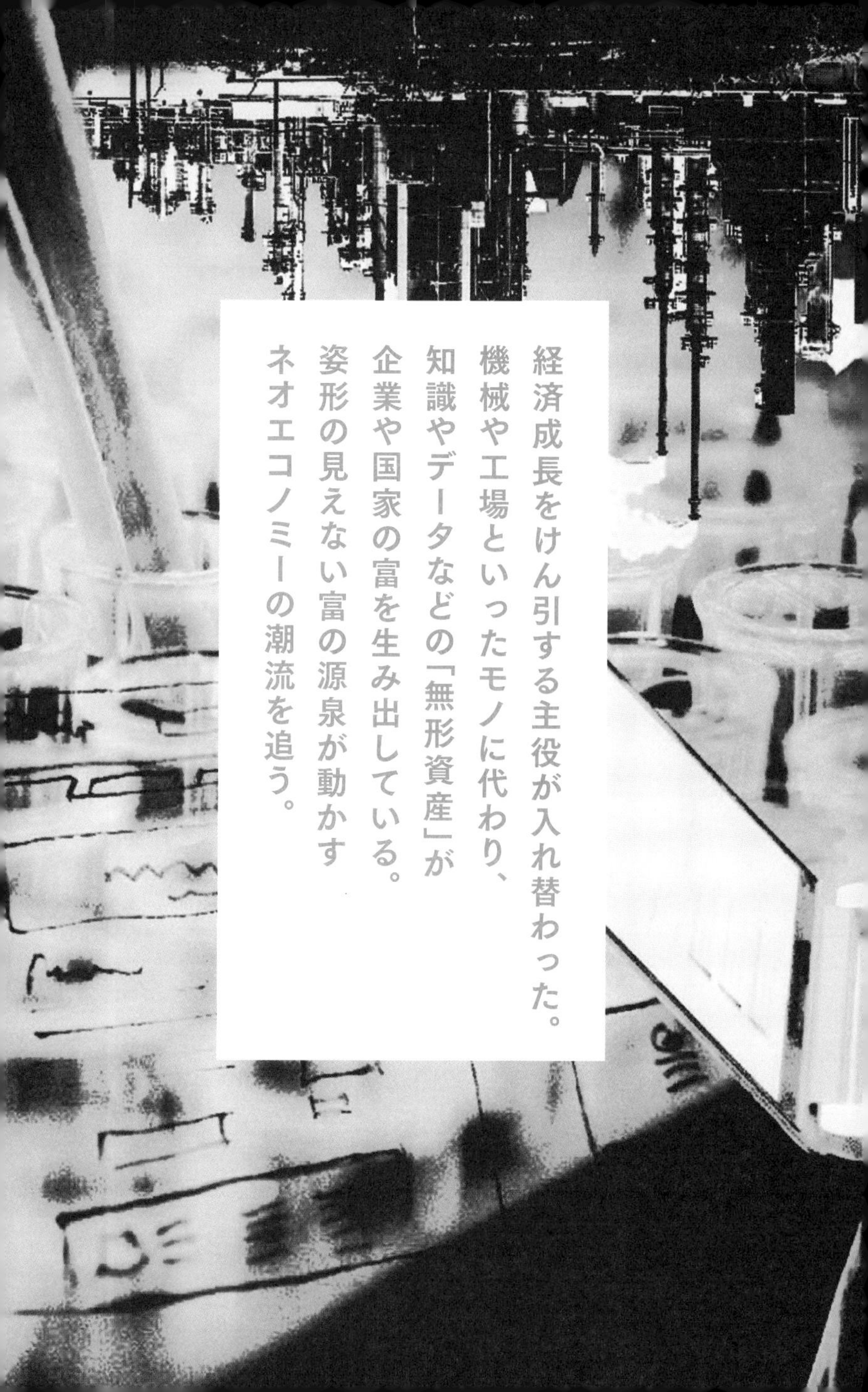

経済成長をけん引する主役が入れ替わった。
機械や工場といったモノに代わり、
知識やデータなどの「無形資産」が
企業や国家の富を生み出している。
姿形の見えない富の源泉が動かす
ネオエコノミーの潮流を追う。

はじめに

「経済」について、私たちはどれほどのことを知っているのだろう。なぜ、私たちの生活は便利になっているのに、経済は「長期停滞」といわれる低成長に甘んじているのだろう。なぜ、物価や金利が低水準に沈んでいるのに、格差は拡大しているのだろう。なぜ、資本主義を問い直そうという声が世界で広がっているのだろう。

「なぜ」と問われたとき、どんな答えを頭の中に思い浮かべるだろうか。そしてその答えは、目の前に広がる経済を正確にとらえたものだと言い切れるだろうか。

「経済・政治哲学の分野についていうと、25歳や30歳になってから新しい理論の影響を受ける人は多くない。官僚や政治家、さらには扇動家でさえ、目の前の出来事に当てはめる理論はおそらく最新のものではないだろう」

1929年から30年代にかけての大恐慌を経て、英経済学者ジョン・メイナード・ケインズは『雇用、利子および貨幣の一般理論』にこう記した。それから約90年。経済の姿をとらえるための理論や思想、視座が大きく揺らいでいる。2008年の金融危機の影響が残るなかでデジタル技術が急速に進歩し、革命ともいうべき変化が押し寄せているからだ。

変化の流れは加速している。700万年前に誕生した人類はその歴史のほとんどを狩猟採集社会で過ごし、およそ1万年前に初めて農耕牧畜という経済革命を経験した。蒸気機関が英国で発明され、大量生産、大量消費をもたらす産業革命が起きたのは250年ほど前。インターネットが一般に普及し始めたのは約30年前、米アップルのiPhoneが登場したのは10年あまり前にすぎない。さらに人工知能（AI）が指数関数的な進化をみせ、人間の知性を超える「技術的特異点（シンギュラリティ）」が議論される時代に入った。

変革の波は世界を覆う。例えば、30歳代のギリシャ人男性、テオの生活をみてみよう。

テオは2019年12月、妻で中国人のステラとともに東京を訪れた。日本人の友人と5年ぶりに会うためだ。友人とは北京で知り合い、互いの住む場所がギリシャと日本に離れた後も「微信（ウィーチャット）」を通じて交流が続いた。テオとステラはエーゲ海のサントリーニ島で小さな旅行会社を営んでおり、テオは東京滞在中も「ワッツアップ」で顧客からの問い合わせに答えた。日本人の友人宅を訪れると、「アマゾン・ドット・コム」で見つけたという日本酒でもてなされた。その日はちょうどクリスマス。夕食を終えると、テオはiPhone上の「スカイプ」を使い、友人宅から約9500キロメートル離れたスイスのザンクト・ガレンに住む兄家族に「よい新年を！」とあいさつした——。

30年前ならテオは兄家族と「会う」のを諦めただろうし、東京から顧客に対応することなど思いつきもしなかっただろう。10年前でもスマホを持つ人は少数派で、国境を越えた友人とのつながりを保つことは手間暇がかかった。それがいまではスマホ一つあれば、様々なサービスを無料で使いこなせる。30年前と比べ、世界ははるかに豊かで便利になった。

ところが、この豊かさはつかみどころがない。みかけ上は無料で提供されるサービスばかりで、「価格」という物差しではその大きさをとらえきれない。新しい経済「Neo economy（ネオエコノミー）」を考えるうえで、重要な視点はここにある。なぜ無料のサービスがあふれるのか。富の源泉は何なのか。経済成長や豊かさをとらえることが難しくなると、その影響は経済全体にどのように跳ね返るのか。

市場という、限られた資源を効率的に配分する仕組みも変化を迫られている。市場の機能を十分に発揮するため、手間とコストをなるべくかけずに需要と供給に関する情報を凝縮して伝える手段が「価格」だ。貨幣の力を借り、市場を通じて時間や空間を超えた交換を可能にした。だがデジタル技術の進歩により、情報伝達手段としての「価格」の王座は揺らぎ始めた。大量のデータを瞬時にやりとりできるようになり、需要と供給をより効率的に結びつけられるようになったからだ。価格が常に変動する「ダイナミック・プライシング」にとどまらず、本書で取り上げるように「価格を介さぬ市場」まで登場している。

経済についてあれこれ論じるのは、突き詰めれば、私たちが幸福に暮らせるよりよき世界をめざすためにほかならない。衛星データで読み取れる地球上の「夜間光」から経済成長を推定すると、独裁政権では国内総生産（GDP）が過大に見積もられる傾向があると指摘する研究もある。「近ごろの人間ときたら、モノの値段はなんでも知っているが、モノの値打ちはなにも知らない」。産業革命が進展していた19世紀の英国の作家オスカー・ワイルドはこう記した。私たちもまた、成長の意味や豊かさの値打ちを問い直すときを迎えている。

激流のような変革のうねりをどう乗り越え、いかによりよき世界をめざすか――。未来をほのかに照らすために、ネオエコノミーの物語を始めることにしたい。

2020年2月　「Neo economy」取材班

（本文中の年齢や外国為替換算、事実関係等は原則として新聞掲載時のままとした）

SECTION

1

企業の投資、無形が優位に

企業を成長させるのは「ヒト・モノ・カネ」の3要素だと言われてきた。このうちモノを代表する設備投資は20世紀の経済を成長させるエンジンだったが、近年は様変わり。研究開発（R&D）やブランドといった無形資産が企業の投資を引き寄せている。

日米の企業で投資が急拡大

企業の投資は機械や工場といった「有形資産」と、R&Dやブランド価値（のれん代）など「無形資産」に分けられる。ソニーをはじめ日米を代表する企業で21世紀のバランスシートの変遷を見てみよう。

ソニー、ゲームや音楽の版権が拡大

かつて「ウォークマン」で一世を風靡した日本の代表的なモノづくり企業も、21世紀に入るとビジネスモデルを転換する。ゲームや音楽の版権などが拡大し、2010年度には無形資産の規模が有形資産を上回った。近年は営業利益の7割を無形資産が稼ぎ出す。

ソニーの資産構成

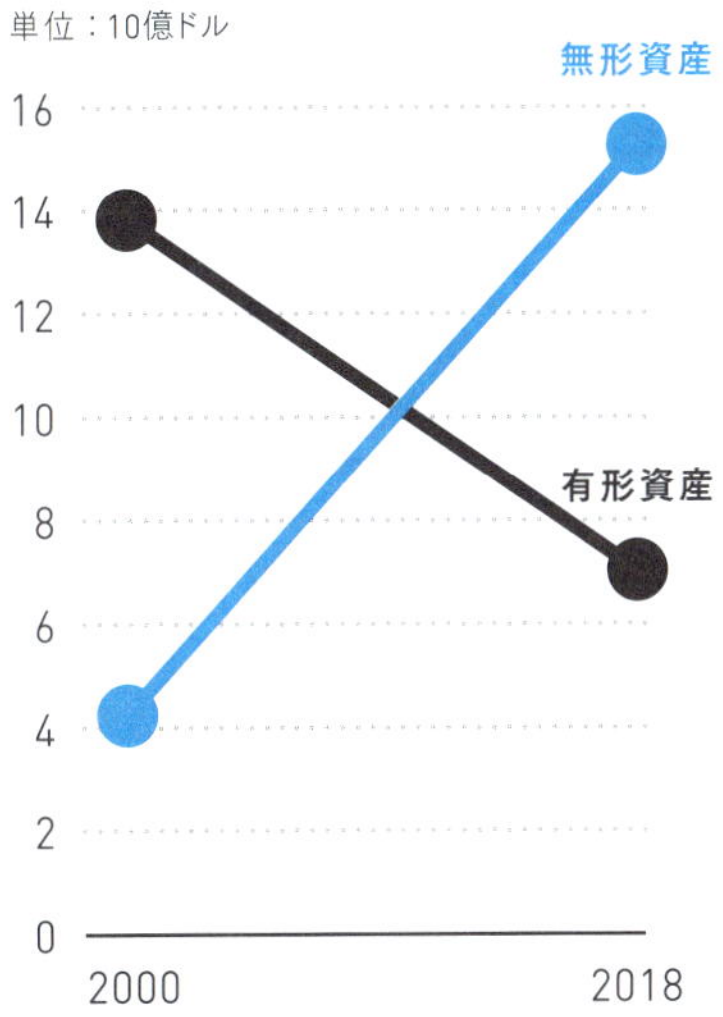

無形資産伸び率
3.6倍

有形資産伸び率
0.5倍

（出所）すべてQUICK・ファクトセット

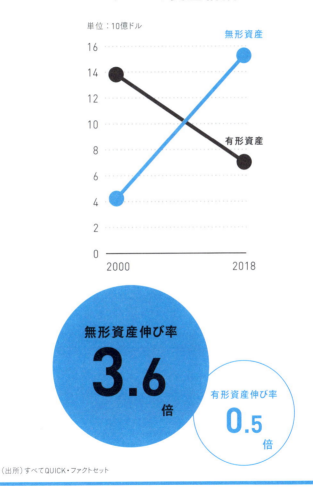

楽天、強みは1億人の会員データ

無形優位の傾向はＩＴ（情報技術）企業で顕著だ。日本で最大級のインターネット市場を展開する楽天は１億人以上の会員データが強み。日々大量に集まる取引データから「ランキング」や「オススメ」を作りだし、新規顧客の獲得につなげている。

楽天の資産構成

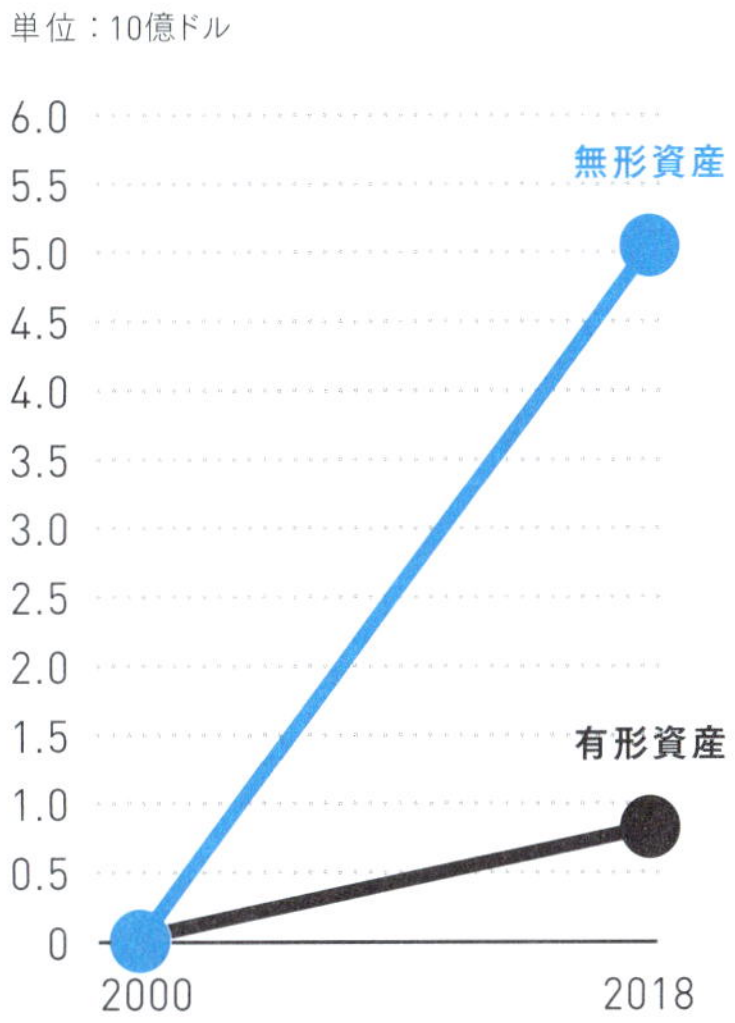

無形資産伸び率
1315.2倍

有形資産伸び率
57.6倍

アマゾン、研究開発に最大の3・2兆円

インターネットの巨人「GAFA」の一角で、18年12月期には世界最大の3兆2000億円を研究開発に投じた。流通の要となる倉庫に加え、最近では店舗など物理的な資産への投資も進めている。

アマゾンの資産構成

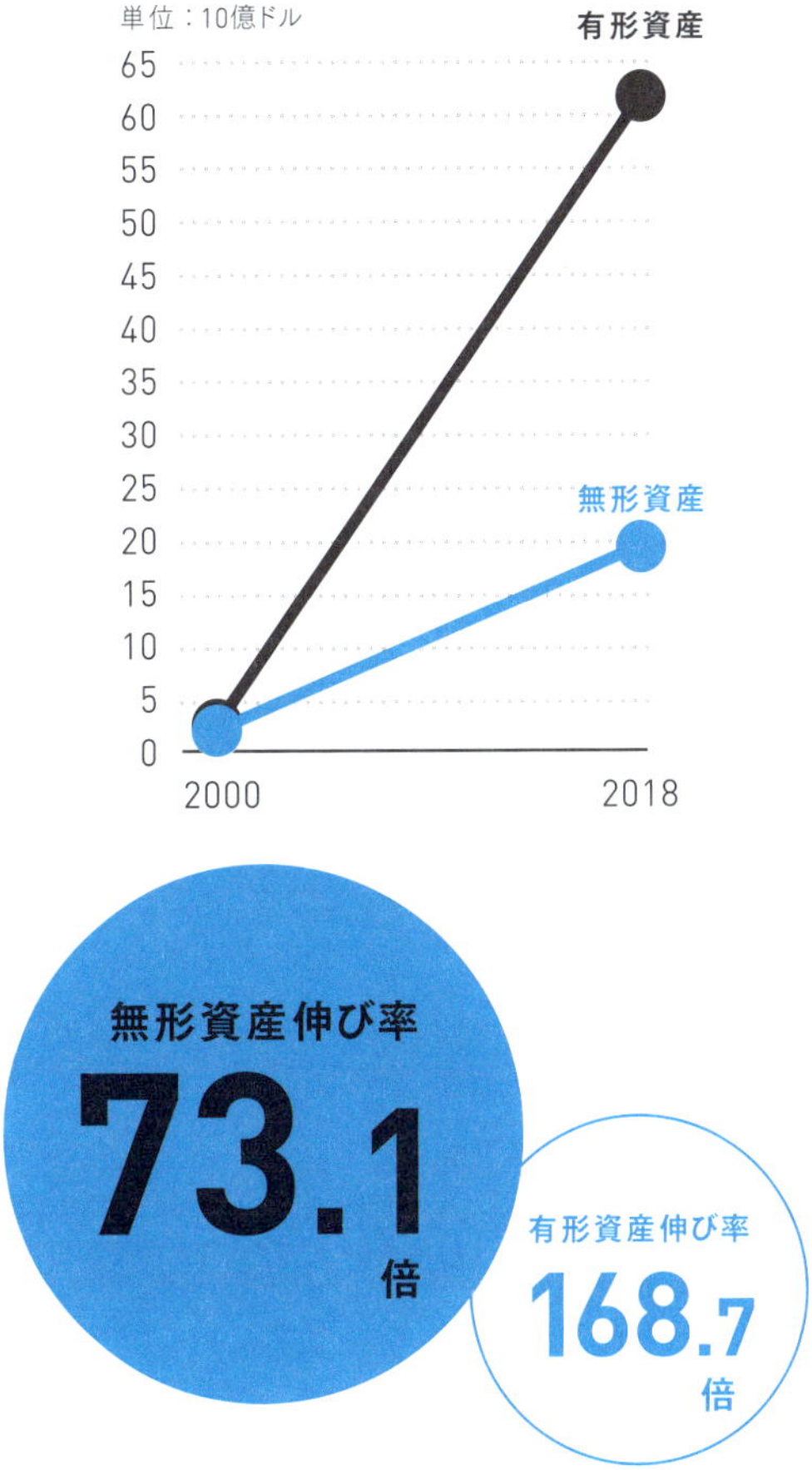
単位：10億ドル
有形資産
無形資産
65
60
55
50
45
40
35
30
25
20
15
10
5
0
2000
2018
無形資産伸び率
73.1
倍
有形資産伸び率
168.7
倍

ウォルト・ディズニー、
動画配信に参入

19年も実写版「アラジン」や「トイ・ストーリー4」が大ヒットした世界的なコンテンツ企業。19年11月には豊富な作品群という無形資産を生かすため、動画配信サービスに参入した。

ウォルト・ディズニーの資産構成

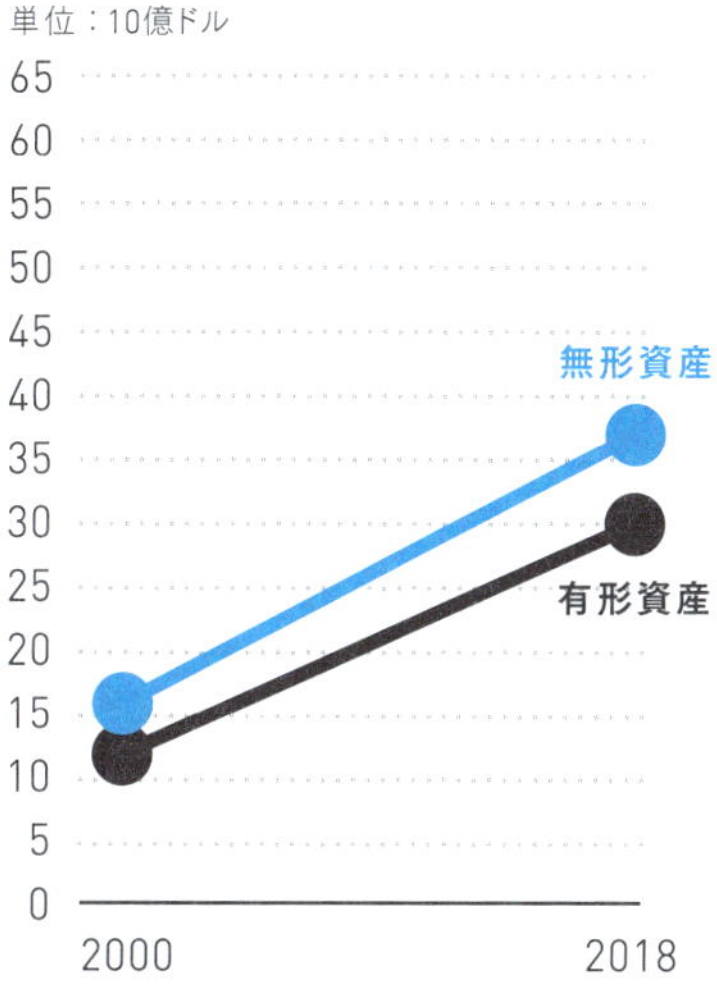

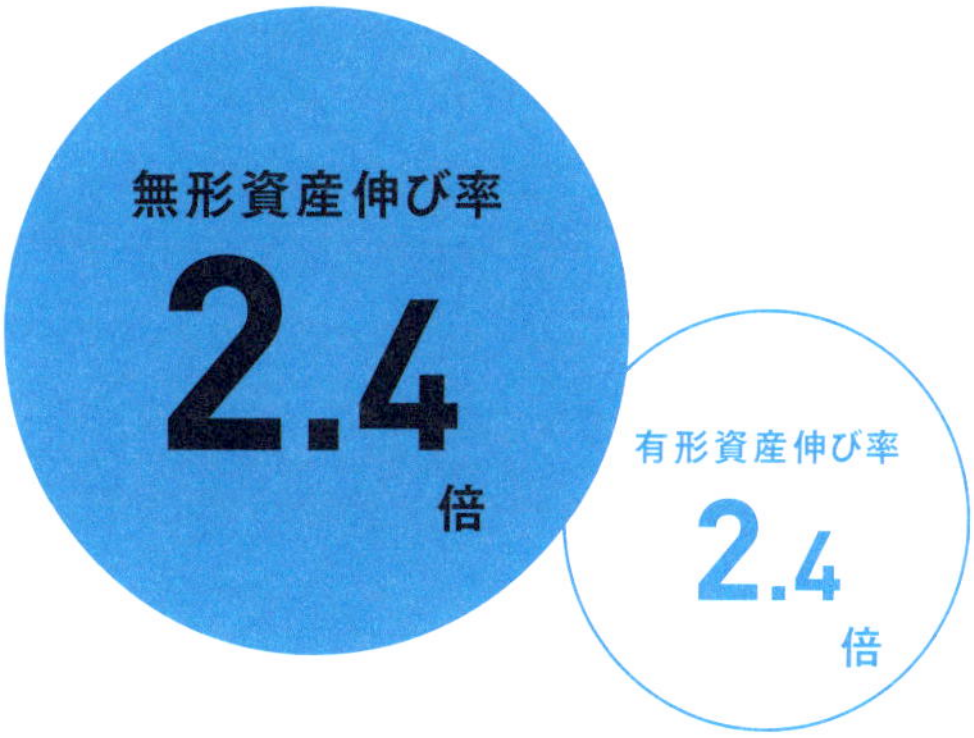

米国企業、桁違いの規模

急速な勢いで無形資産を積み増す日本企業だが、米国企業と比較すると、その背中は遠い。

ウォルト・ディズニー、ソニーの2・5倍

日米を代表するコンテンツ企業だが、無形資産の規模は2・5倍を超える開きがある。19年6月、米投資ファンドはソニーに対して、無形資産の成長を高めるべく半導体事業の分離を提案した。

アマゾンは楽天の3・7倍

日米ECサイトの雄では、無形資産で3・7倍の差がある。アマゾンは先端科学やデータなど無形資産の結晶である人工知能（AI）にも積極的に投資している。

日米企業の無形資産比較

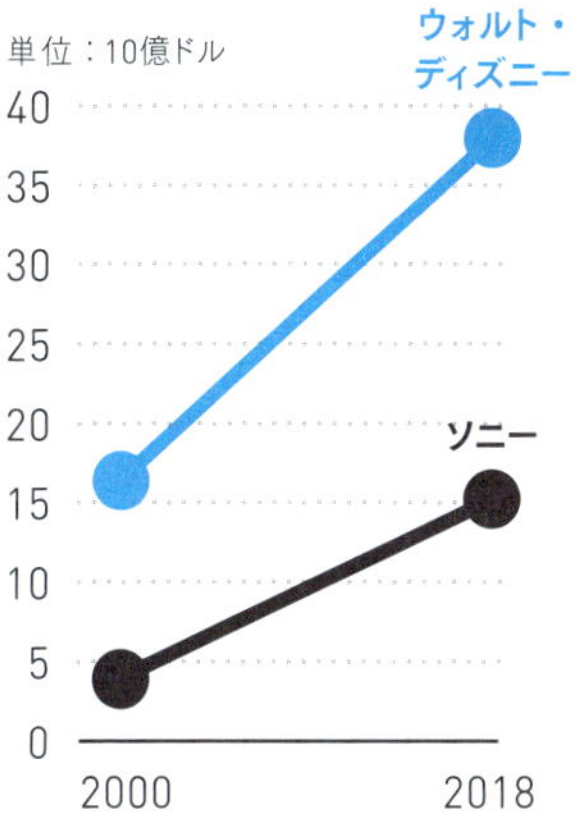

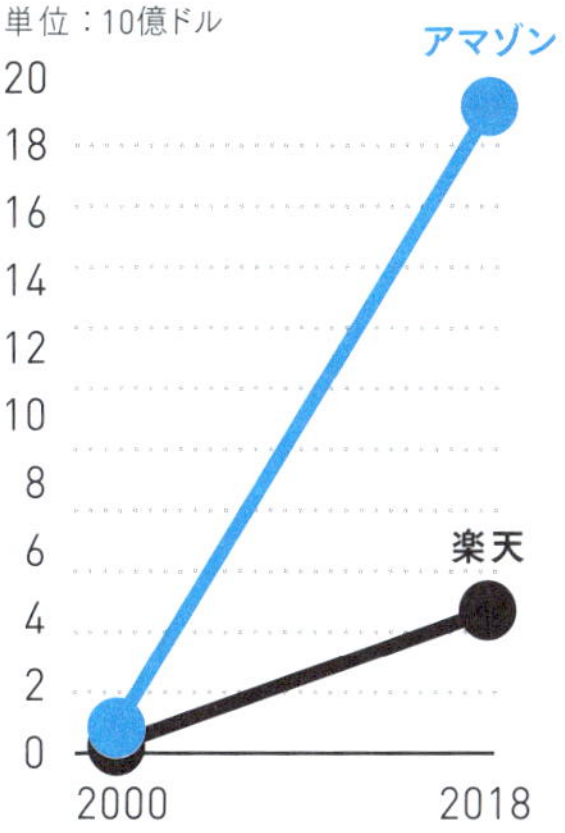

SECTION

2

LINEの裏側に無形資産。サービスが「無料」のわけ

企業の無形資産が作り出す富はどのようにして消費者の手元に届いているのか？　「無料」に見えるサービスの裏には、知識やデータといった富の源泉が詰まっている。ＬＩＮＥを例にみてみよう。

若者を中心にコミュニケーション手段として欠かせないLINEは、スマホさえ持っていれば誰でも無料で使える。東大生が約1200人に「いくらもらえたら1年間LINEをやめますか」と尋ねると、平均して「1人300万円」という答えが返ってきた。見た目の価格はゼロなのに消費者が得るお得感は、経済学の世界では「消費者余剰」と呼ばれている。

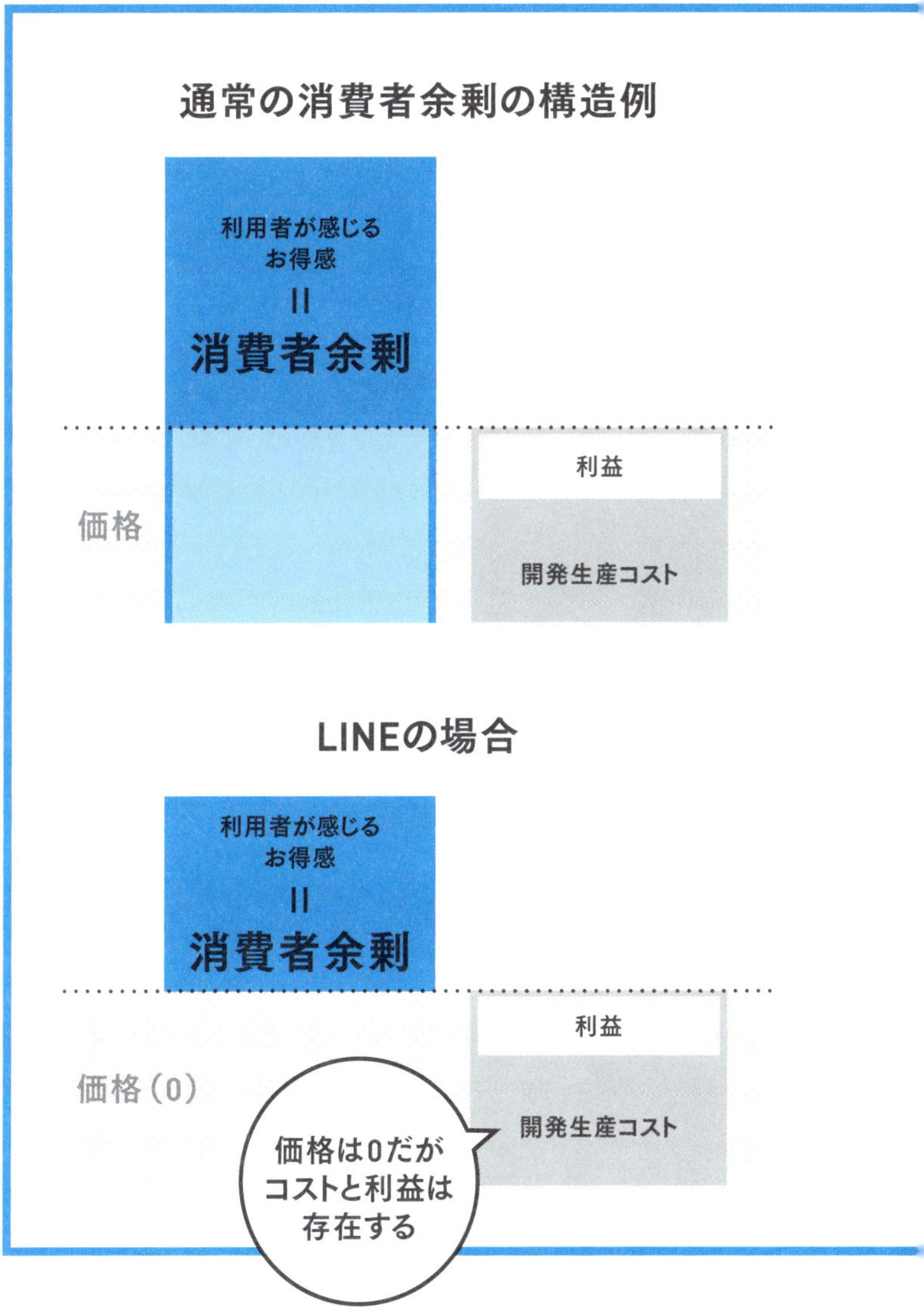
通常の消費者余剰の構造例
利用者が感じる
お得感
＝
消費者余剰
価格
利益
開発生産コスト
LINEの場合
利用者が感じる
お得感
＝
消費者余剰
価格（0）
利益
開発生産コスト
価格は0だが
コストと利益は
存在する

サービスを作り出す側のLINEは、開発コストに利益を上乗せして事業を運営している。約8000万人の利用者が日々発信するデータも、次のサービスの開発や広告にとって重要な資源となる。

無形資産

LINEの開発や運営には何が必要だろうか？　ネットを利用したメッセージ・アプリという「アイデア」、利用者に愛されるスタンプなどの「デザイン」、そして大量の「データ」を解析できる「人材」。いずれも現代経済の主役である無形資産だ。

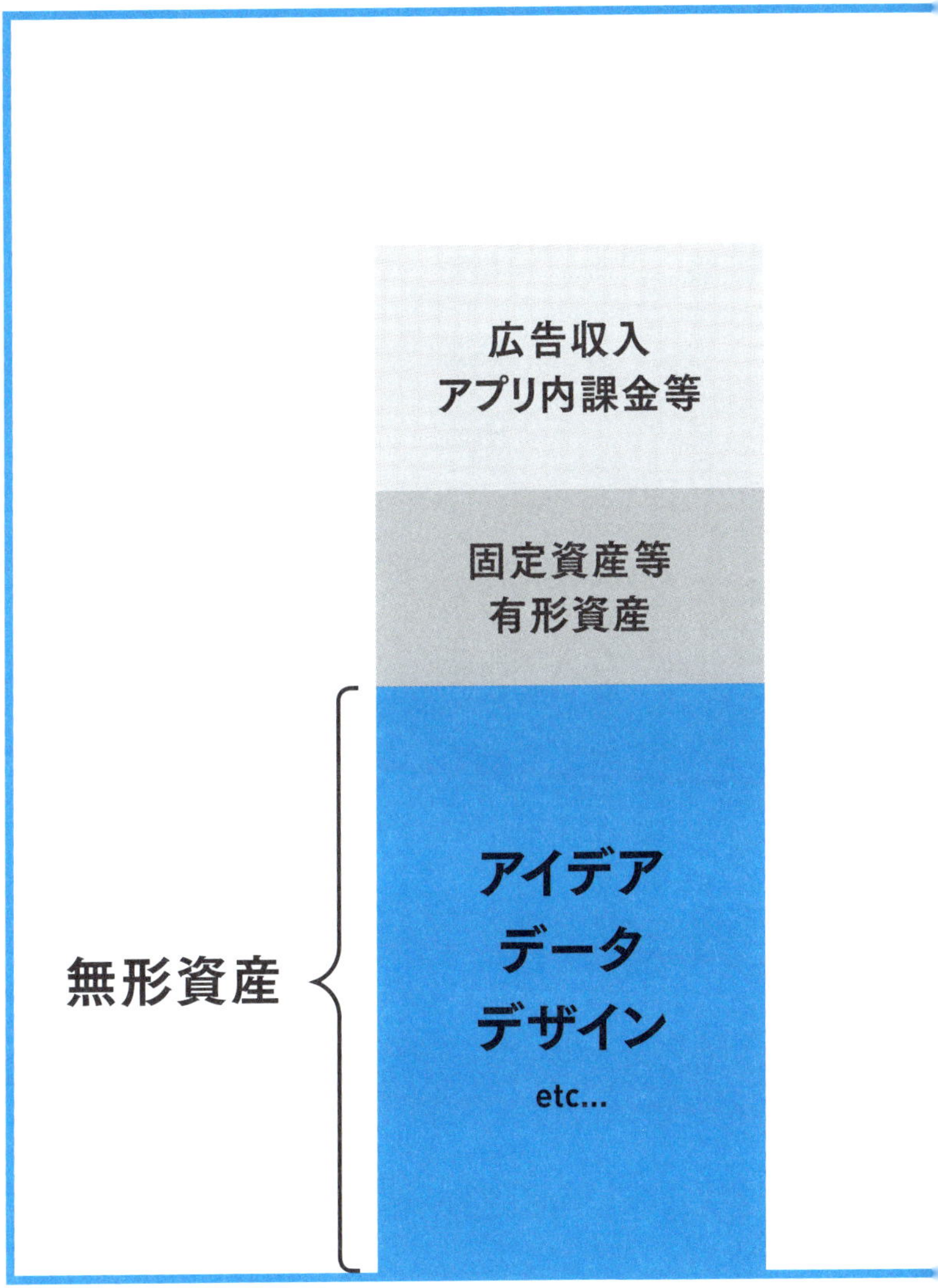
広告収入
アプリ内課金等
固定資産等
有形資産
アイデア
データ
デザイン
etc...
無形資産

無形資産の3つの柱

無形資産はソフトウエアやデータベースといった「情報化資産」、研究開発（R&D）やデザインなどの「革新的資産」、人材や組織などの「経済的競争力」の大きく3つに分けられる。

価値や生産性の源泉に

経済成長は「1人当たりの生産量」を表す生産性に大きく左右される。ソフトウエアやR&Dは新たな知識を生み出し、仕事の効率を上げる。そしてデータやデザインを駆使できる高度な人材が生産性の源であるのは言うまでもない。次に国単位で無形資産の推移を見ると、ネオエコノミーのどんな姿が浮かぶだろうか。

情報化資産
ソフトウェア
データベース
革新的資産
R & D
デザイン
経済的競争力
人材訓練
ブランド
組織変革

SECTION

3

フィジカルからインタンジブルへ

国家の富を表す国内総生産（GDP）にも異変が起きている。主要国のGDPでフィジカル（有形資産）とインタンジブル（無形資産）が拮抗し、米国などでは逆転現象も起きている。

主要7カ国の投資比率推移

まず、GDPに占める有形資産投資と無形資産投資の割合を1995年以降の20年間で見てみよう。取り上げるのは米国、スウェーデン、日本、ドイツ、英国、中国、インドの7カ国だ。

米国、2002年から無形資産投資が優位に

IT化が進んだ2002年に初めて無形資産投資が有形を上回り、その後は無形優位が続く。GAFAをはじめインターネット企業やトップ大学が新たな知恵を生み出すサイクルを回す。

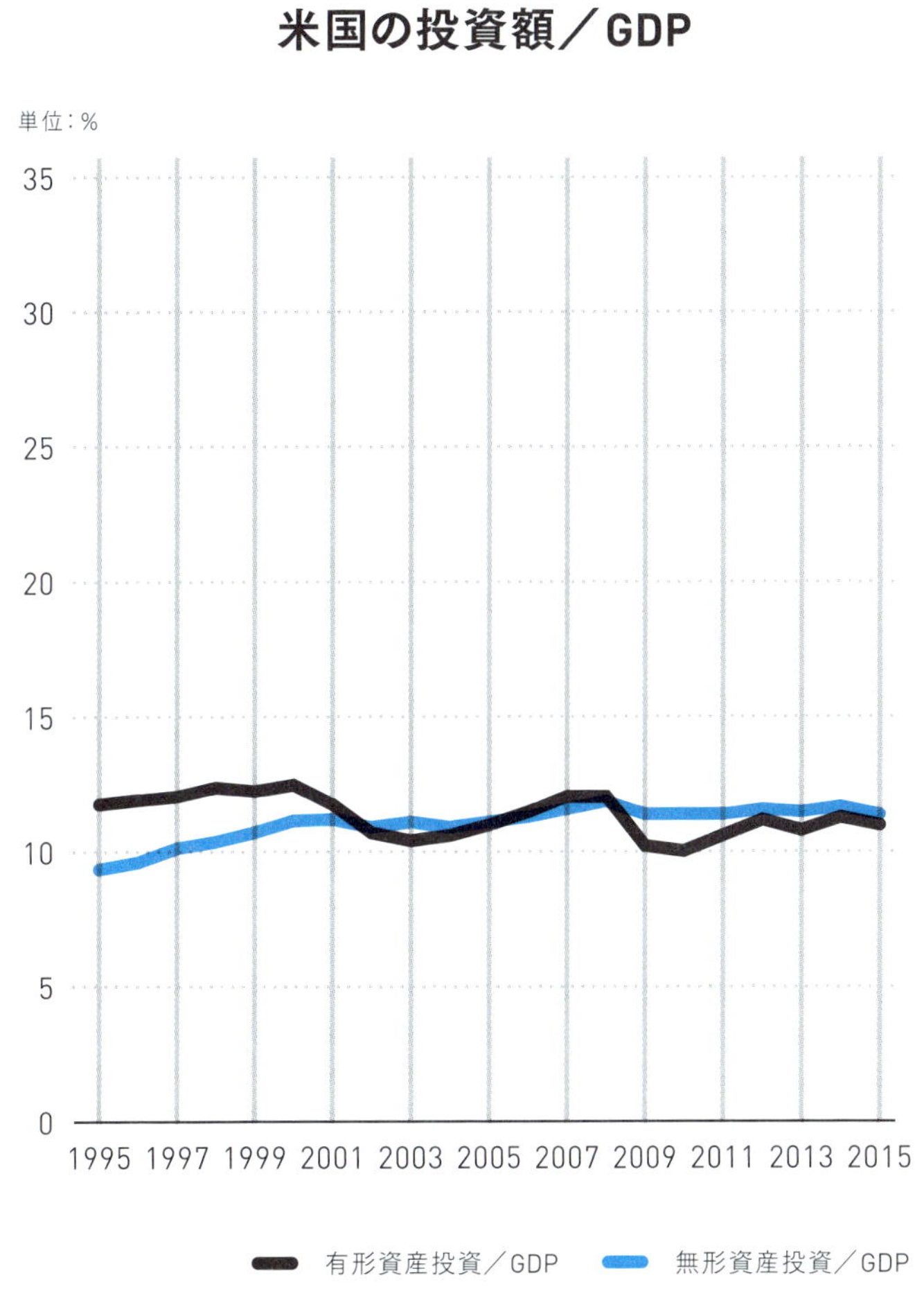

（出所）日本経済研究センター

スウェーデン、米国を上回る無形シフト

通信機器のエリクソンなどが急成長した1990年代に無形シフトが進み、GDPに占める無形資産投資の比率は15年に13％と米国（11％）を上回る。

スウェーデンの投資額／GDP

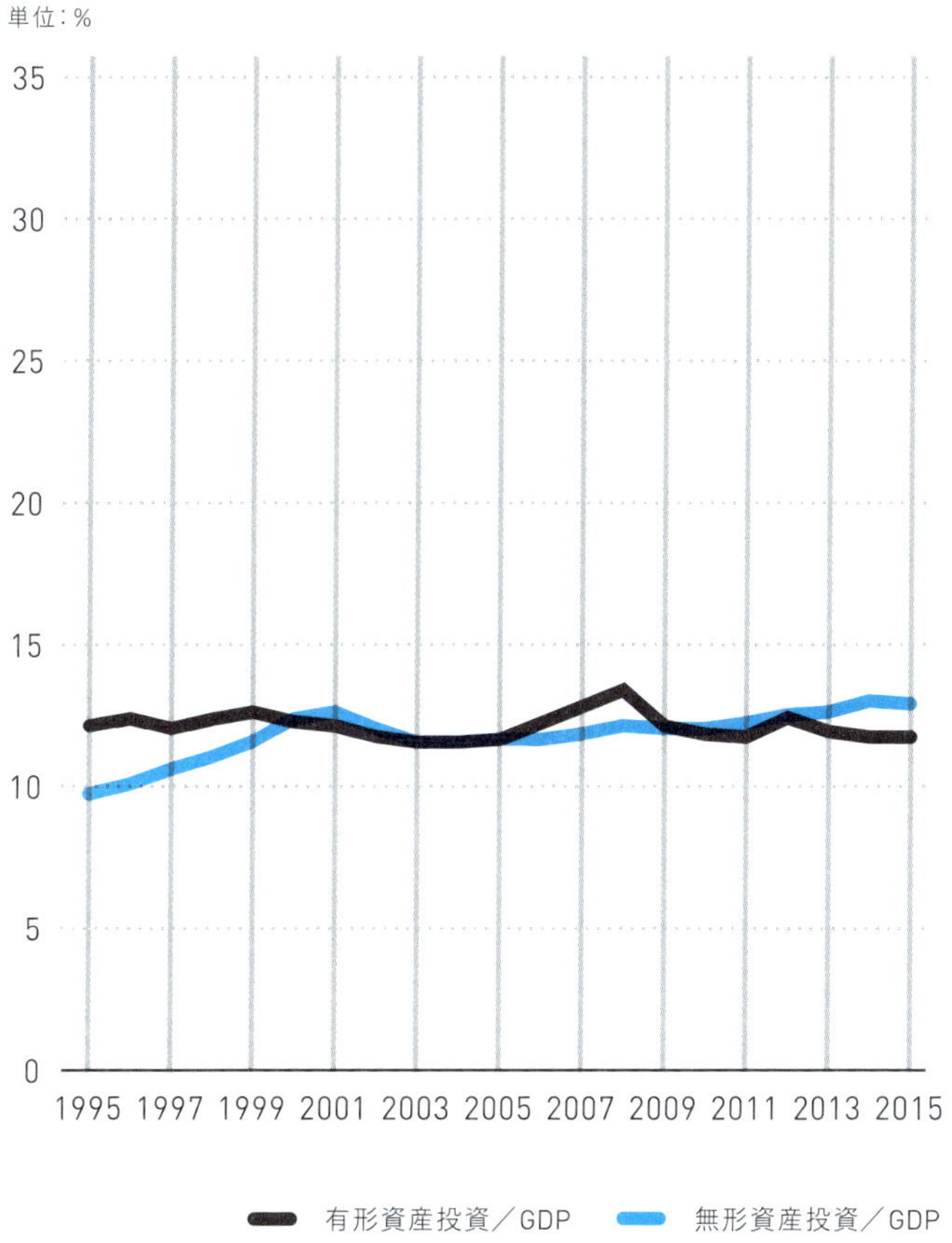

（出所）日本経済研究センター

モノ優位が続く日本

無形資産投資は少しずつ増えているが、機械や工場などモノ優位が続く。ＩＴ化が進んだ90年代以降に長期不況を経験した影響も大きいとされる。

日本の投資額／GDP

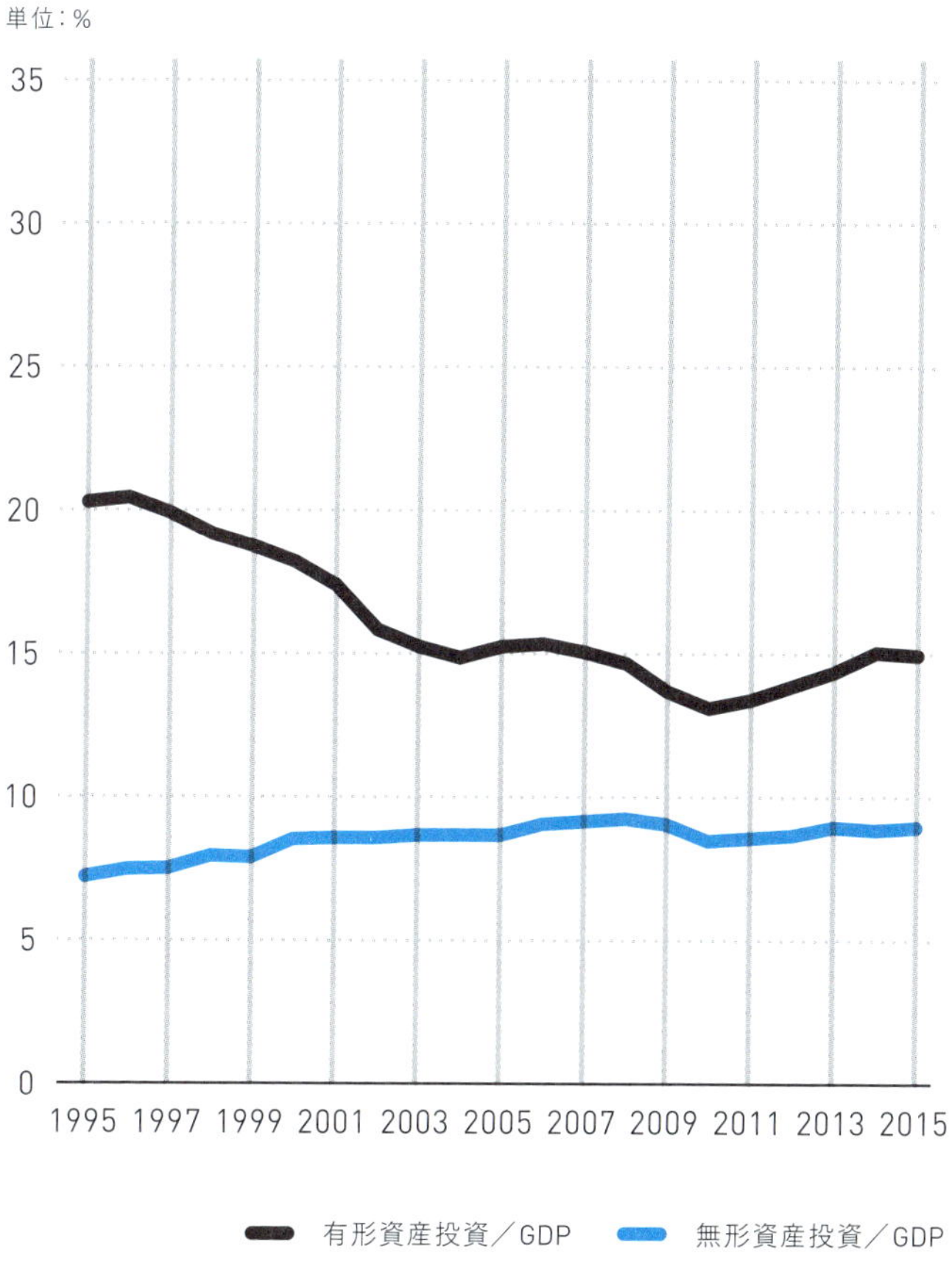

（注）2013～15年は予測値、（出所）日本経済研究センター

ドイツはＩｏＴ推進で巻き返しへ

日本と同じくモノづくり大国のドイツもいまだ有形資産への投資が無形を上回る。近年は工場をネットワークでつなぐモノのインターネット化（ＩｏＴ）を国家的に推進し、巻き返しを目指す。

SECTION 3 4/9

ドイツの投資額／GDP

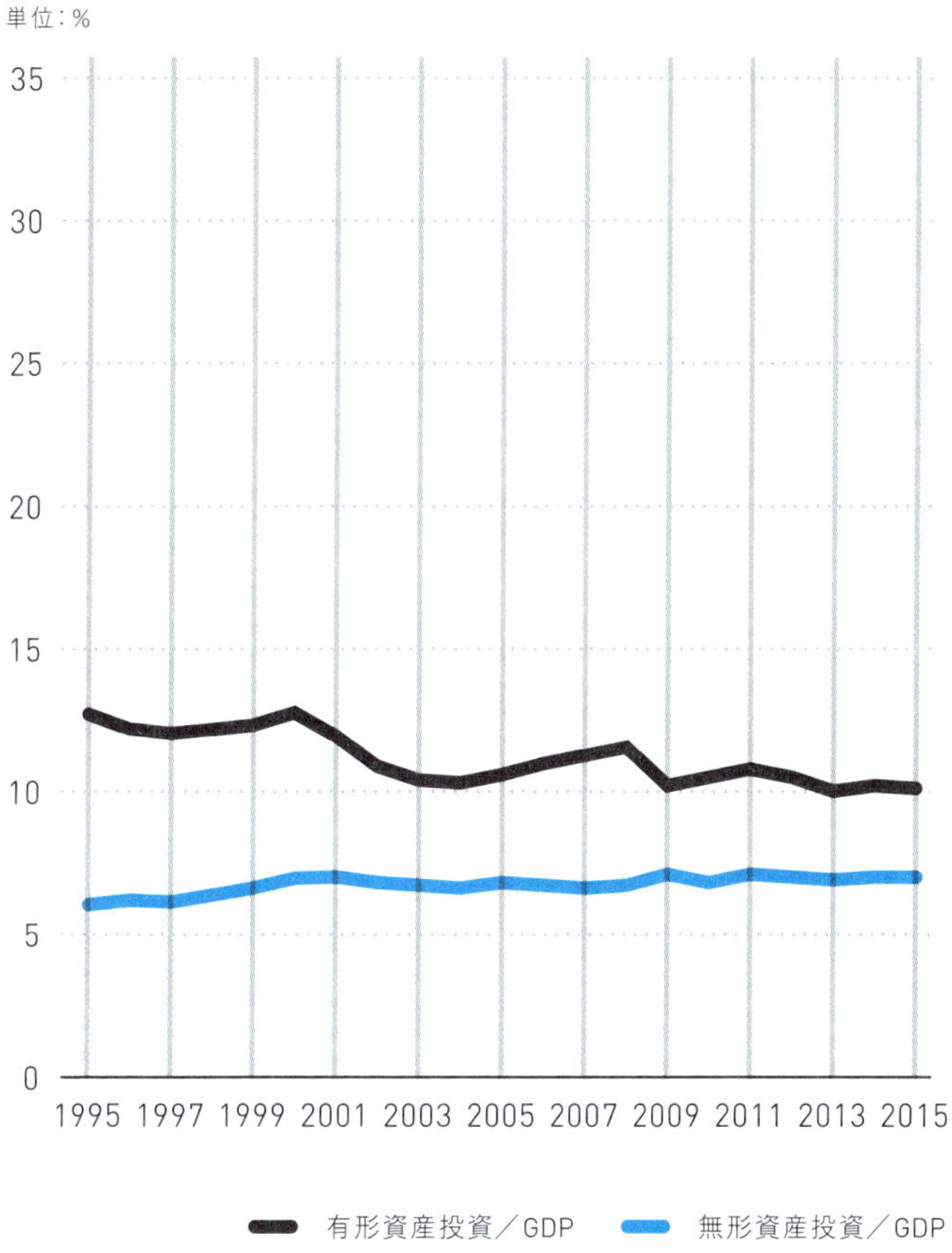

（出所）日本経済研究センター

英国は有形と無形が拮抗

金融大国は有形・無形の規模が拮抗。無形資産を研究するインペリアル・カレッジのジョナサン・ハスケル教授は「イノベーションの実現に必要な知識への投資が増えてきた」と話す。

英国の投資額／GDP

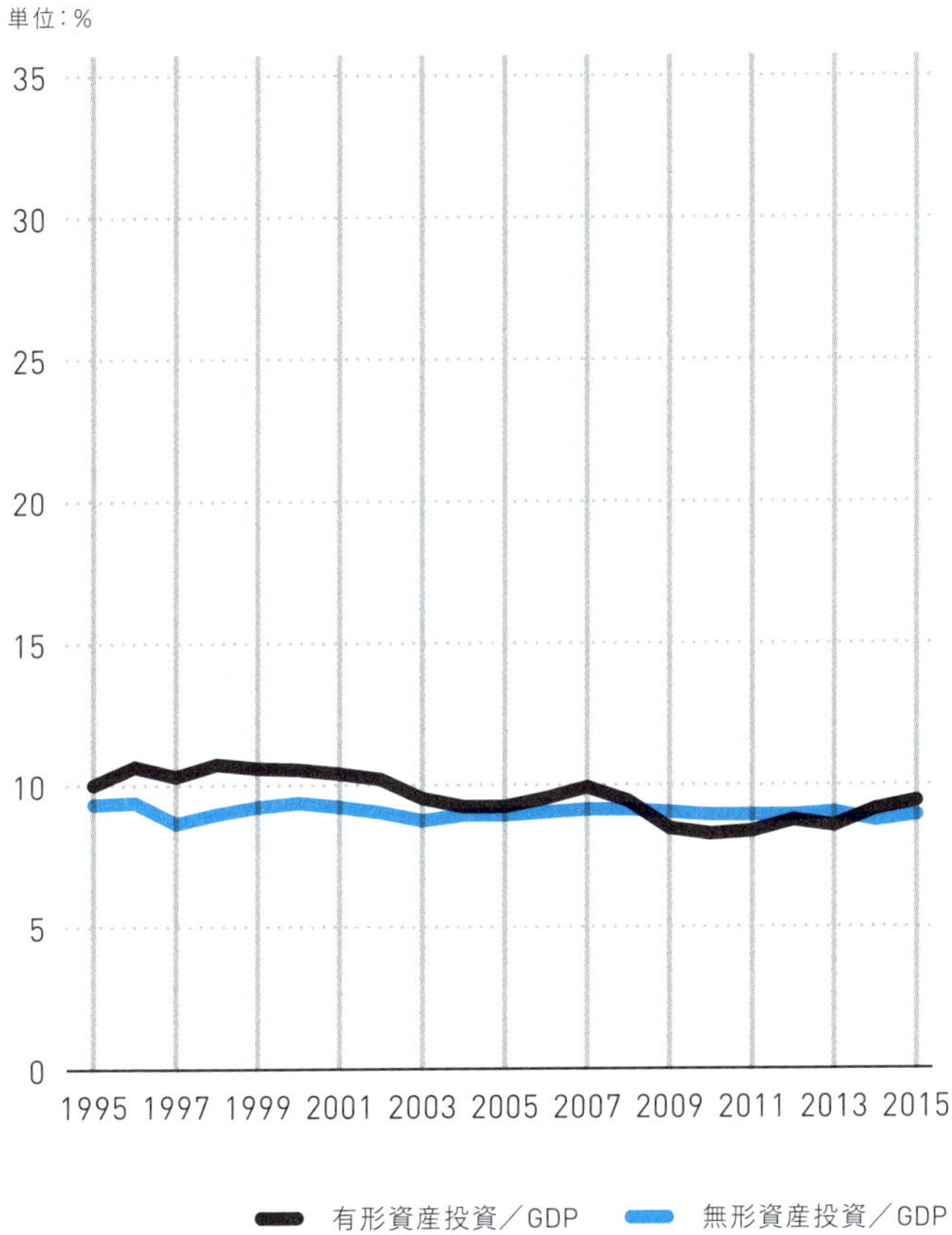

（出所）日本経済研究センター

中国、アリババなどが特許を積み増し

圧倒的に有形資産の規模が大きいが、統計が未整備という側面もある。アリババやテンセントなど大手ＩＴはＡＩなどの分野で特許を積み増している。

中国の投資額／GDP

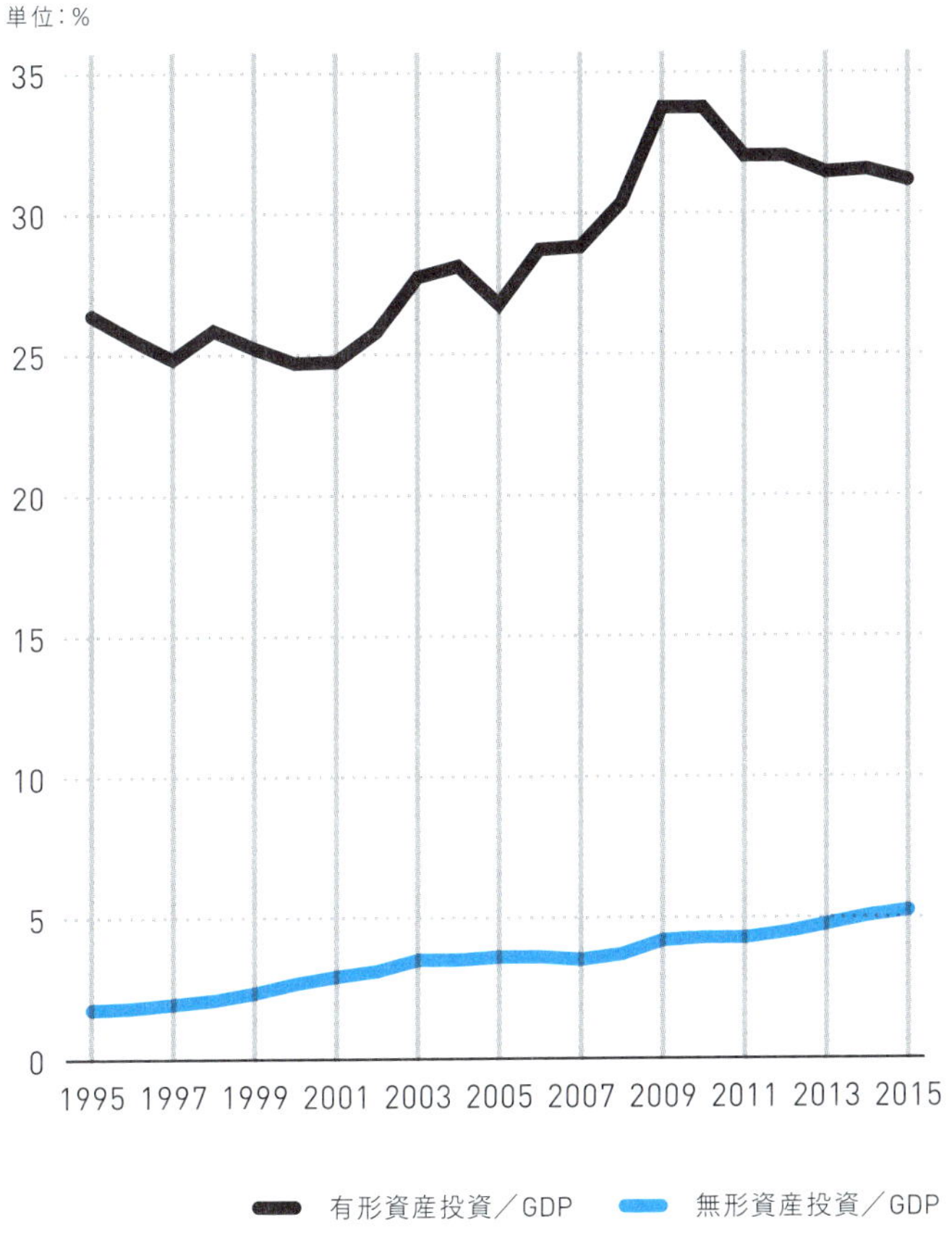

（注）推計値、（出所）日本経済研究センター

インドはインフラ整備を優先

世界にＩＴ人材を供給しているが、国内的にはインフラ整備が優先されている状況。頭脳の国外流出が懸念されている。

インドの投資額／GDP

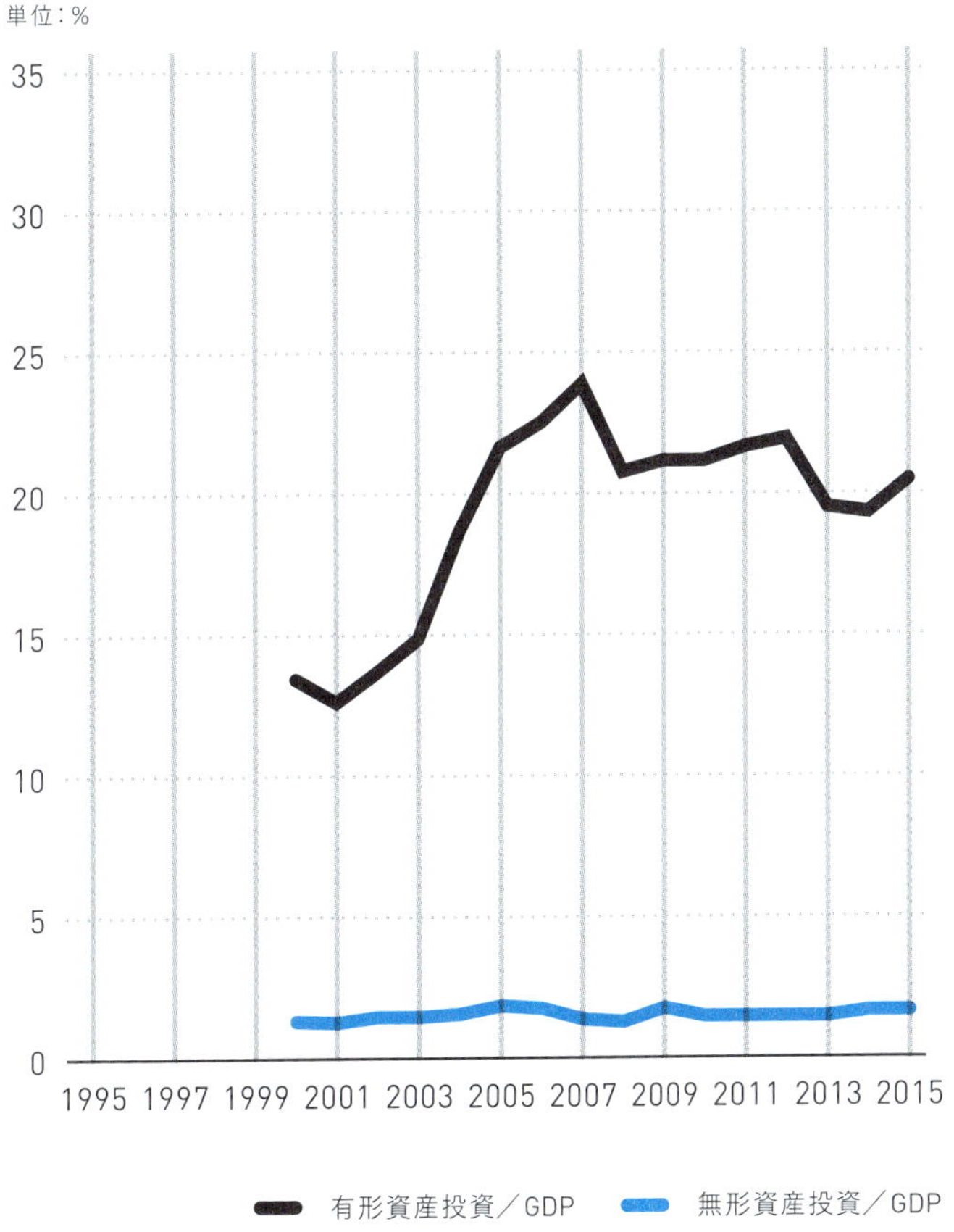

（注）推計値、（出所）日本経済研究センター

無形資産投資の内訳

さらに、先進12カ国の中でも無形資産の規模や内訳にはばらつきがある。「情報化資産」「革新的資産」「経済的競争力」の3つで見ると、日本は経済的競争力が弱い。「人的資本を育てるための投資が足りていない」（米プリンストン大の清滝信宏教授）との指摘がある。

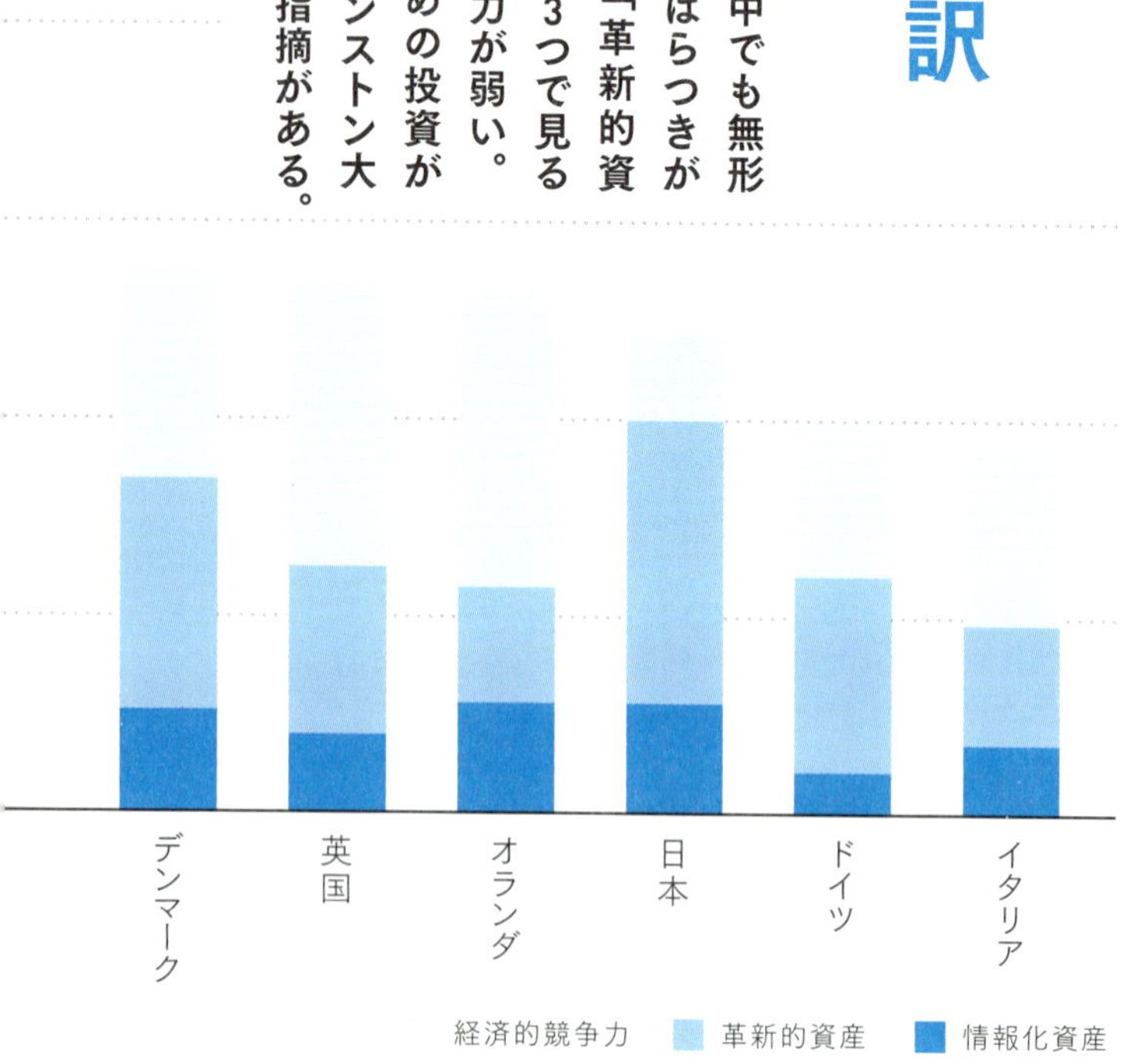

民間GDPに占める無形資産投資の内訳（2012年）

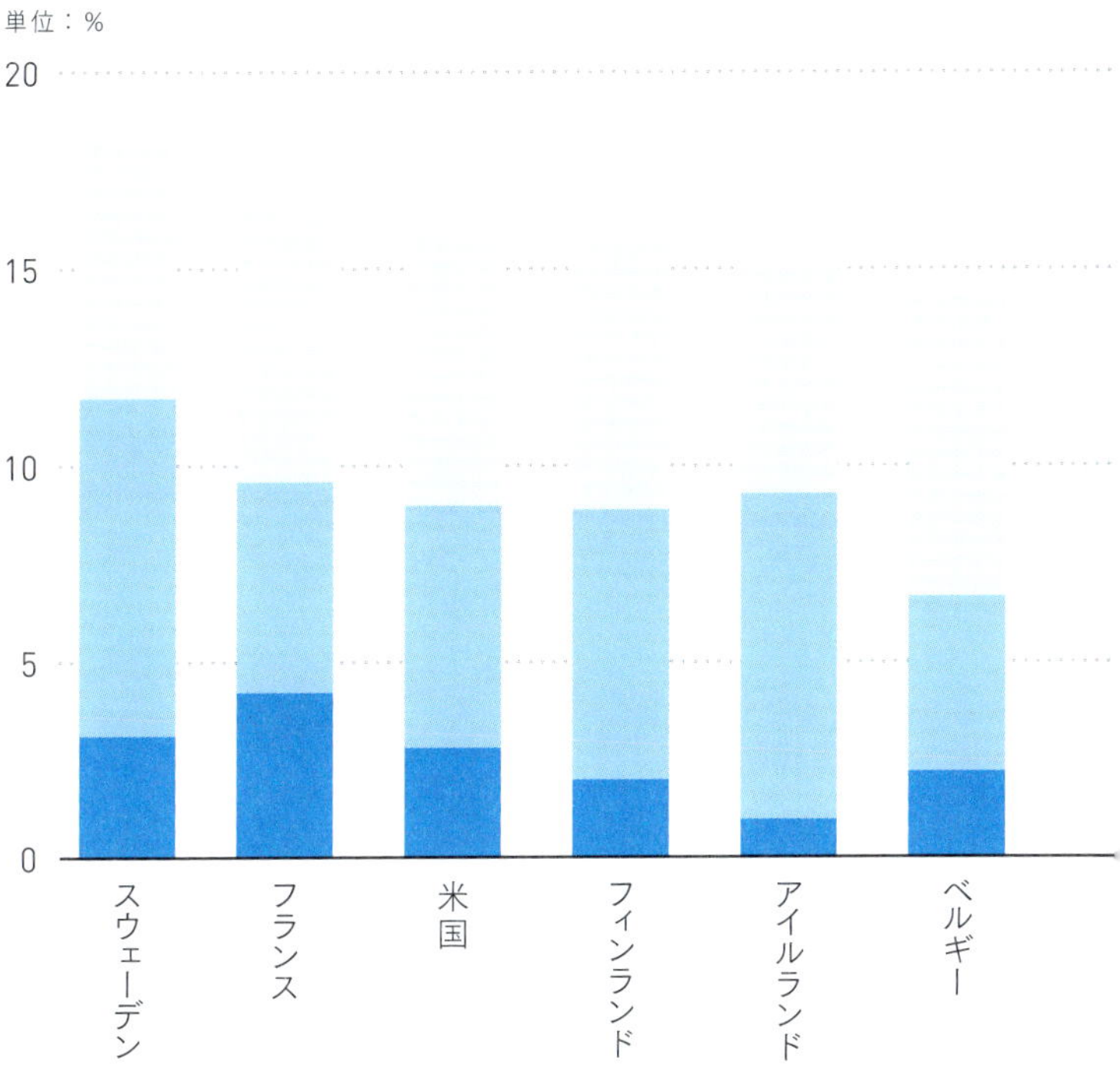

（出所）日本経済研究センター

労働分配率にも影響？

世界で「無形シフト」が進んだ時期は働く人の分け前である「労働分配率」が低下した時期と重なる。無形資産が資金を吸い上げ、賃金上昇を抑えているとの見方も浮上している。

世界の資産構成

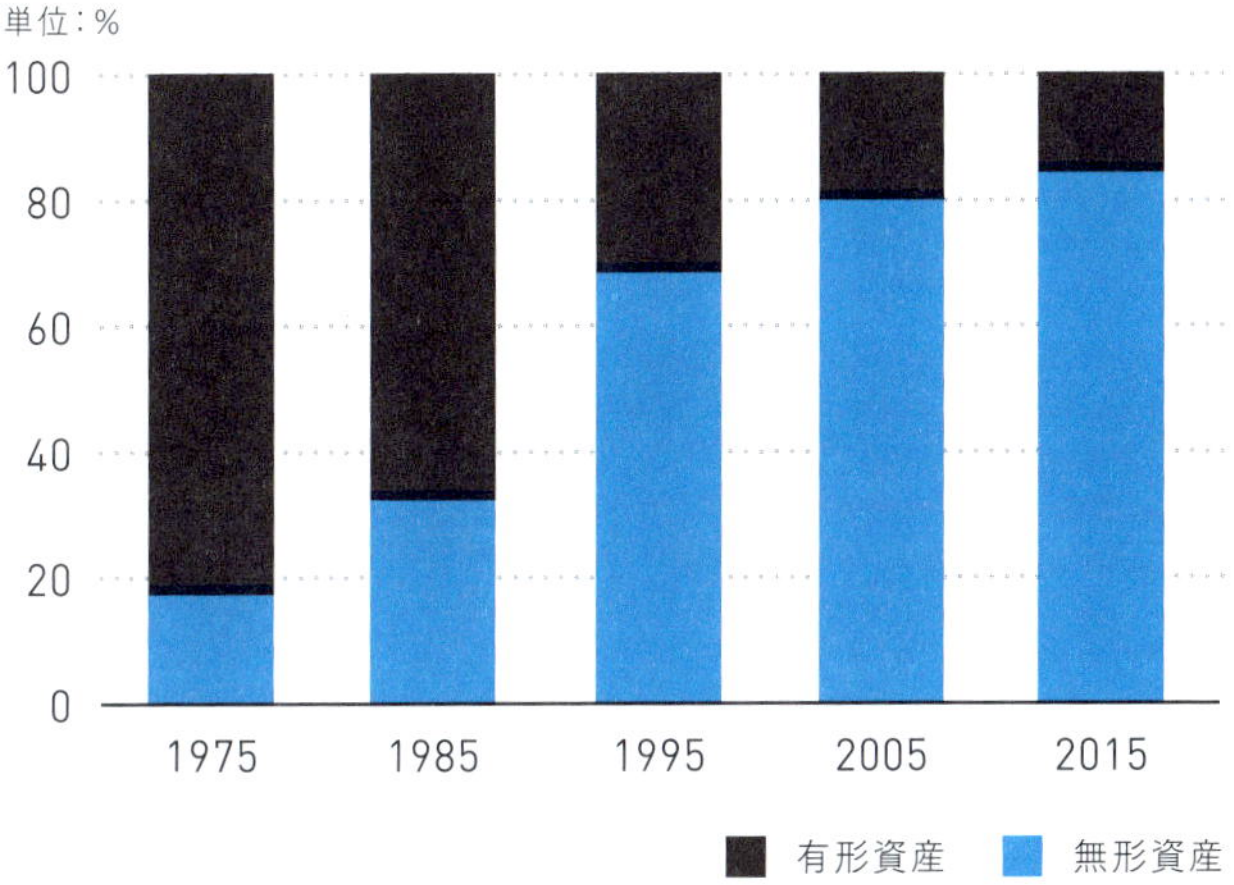

（注）Ocean TomoがS&P500銘柄の時価総額に占める有形・無形資産の割合を算出

労働分配率

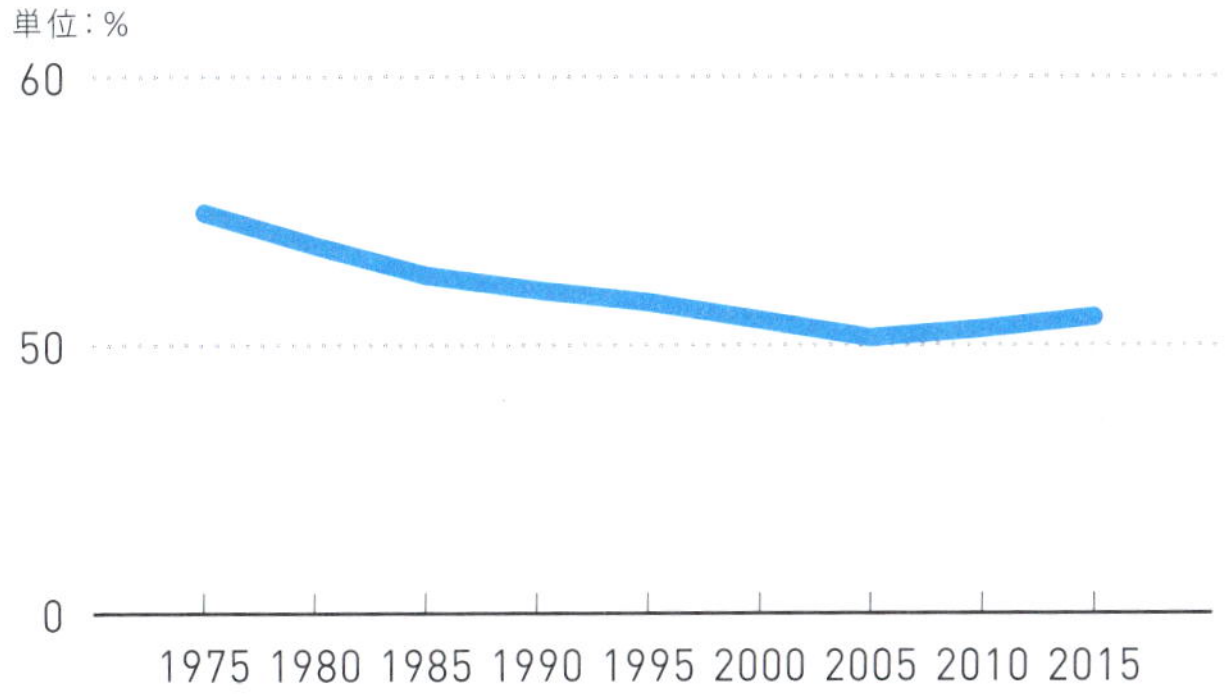

（注）IMFのM・C・ダオ氏らが先進27カ国で推計

SECTION 4

経済への影響、未知の領域も

企業も国家も無形資産への傾斜を強めているが、新たな富の源泉は目に見えないだけに、従来の物差しでは実態がつかめない部分も残されている。

GDP統計に限界

無形資産は取引されずに企業や大学に埋もれているものも多く、価値も変動しやすい。米シンクタンク、コンファレンス・ボードのキャロル・コラード氏は、2017年に米国内で2・25兆ドルの無形資産投資が生まれたが、61%は公式統計が捕捉していないと推計している。

米国の無形資産投資（2017年）

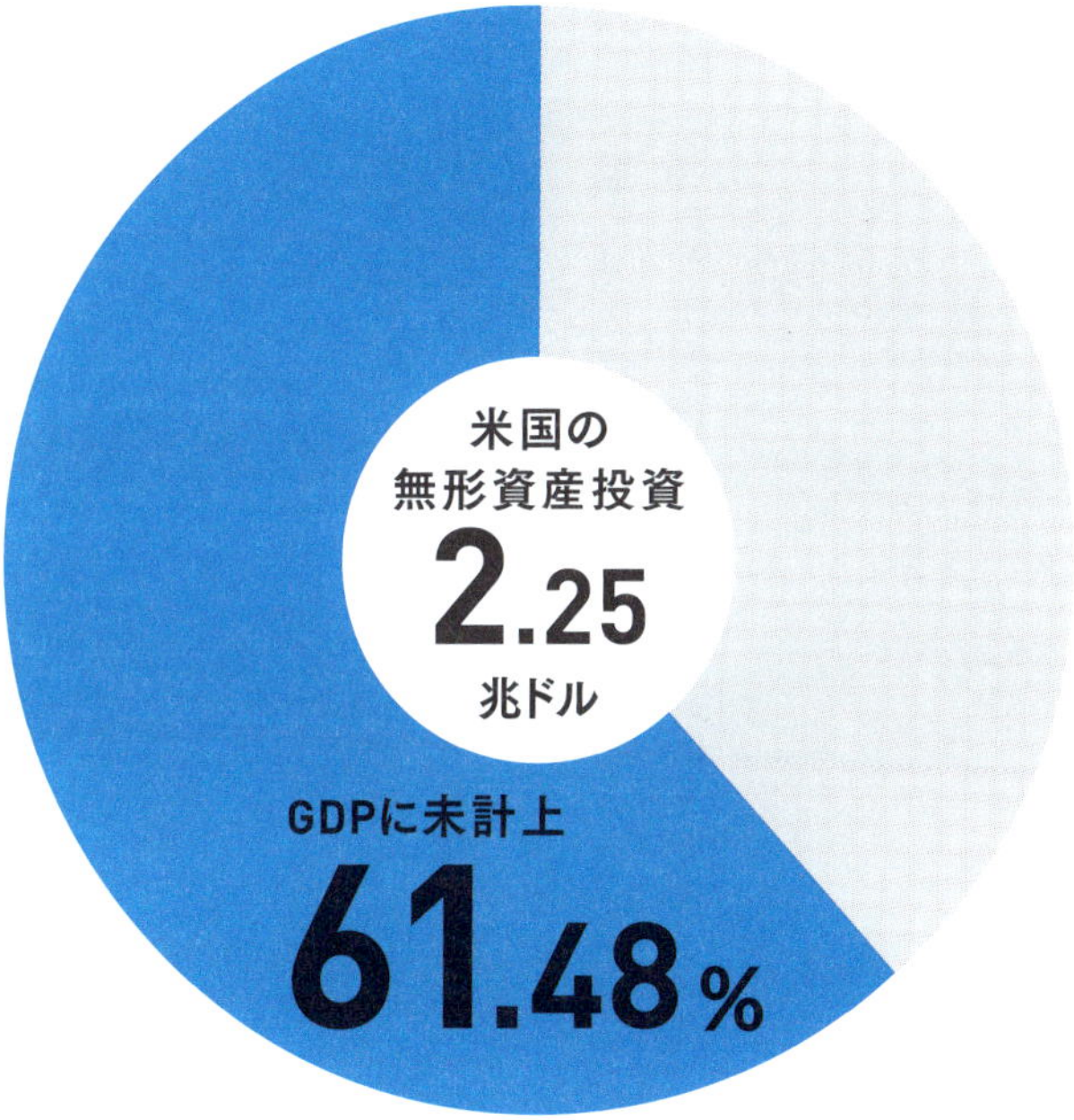

米シンクタンク、コンファレンス・ボードのキャロル・コラード氏の推計

財務データも未解明

企業の財務諸表でも、無形資産として計上されるのはごく一部だ。英調査会社のブランド・ファイナンスが世界企業の時価総額を分析したところ、開示された無形資産は3割未満にとどまっていた。

世界企業の時価総額内の無形資産

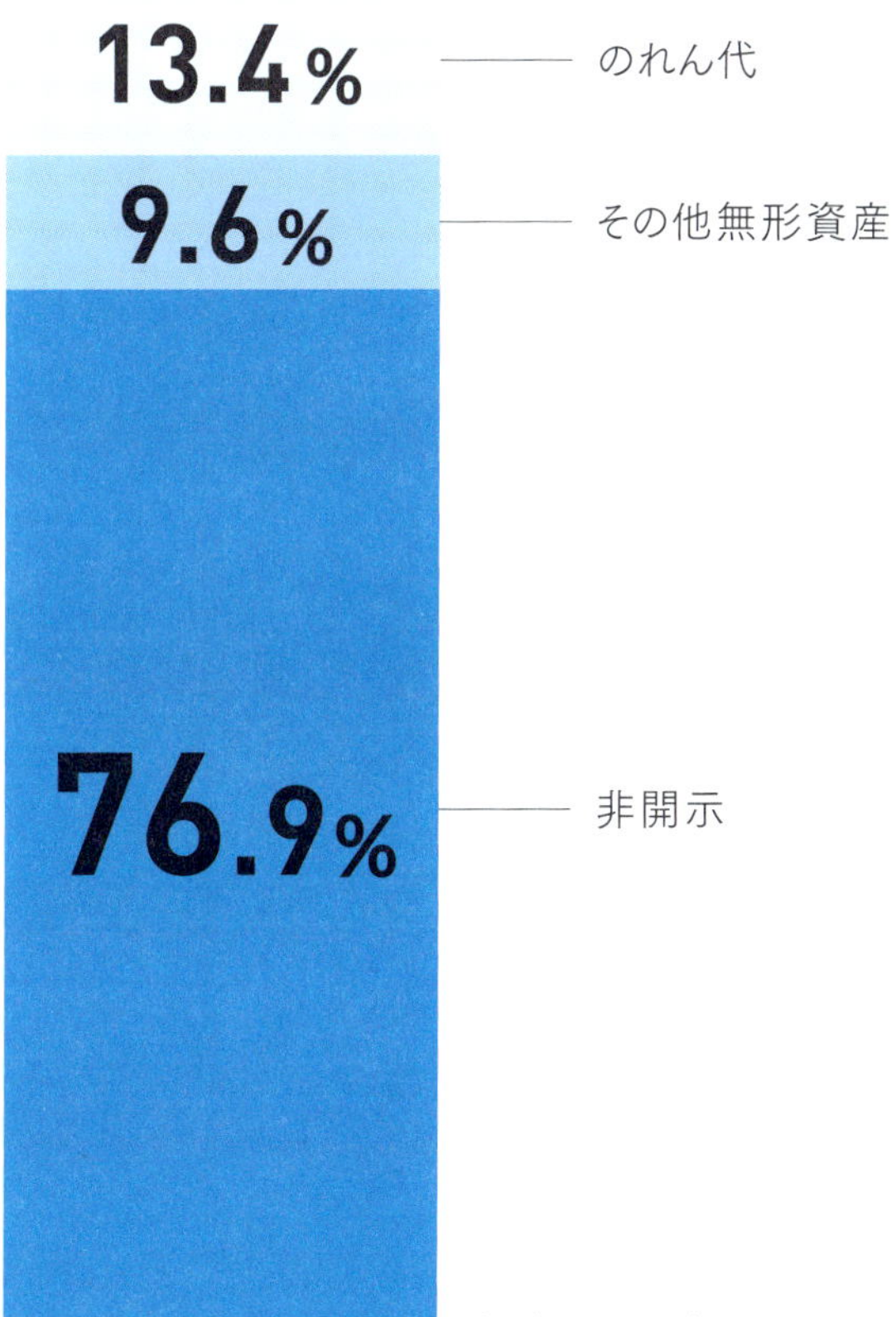

（出所）英調査会社ブランド・ファイナンス

市場の寡占化も

無形資産の特徴として、データや優秀な頭脳を抱える一部の企業に集中しがちという点が挙げられる。過去10年の寡占度（上位5社の売り上げシェア）の推移を見ると、インターネット業界は55%から72%まで高まった。米フェイスブックや中国テンセントなどによる寡占傾向が強まっており、モノを代表する自動車業界とは対照的だ。21世紀の経済を支配する無形資産は、寡占化や格差の拡大を通じてマクロ経済にも大きな影響を与えている。未知の領域を明らかにし、必要な政策を進化させていくことが求められている。

上位5社の占有率

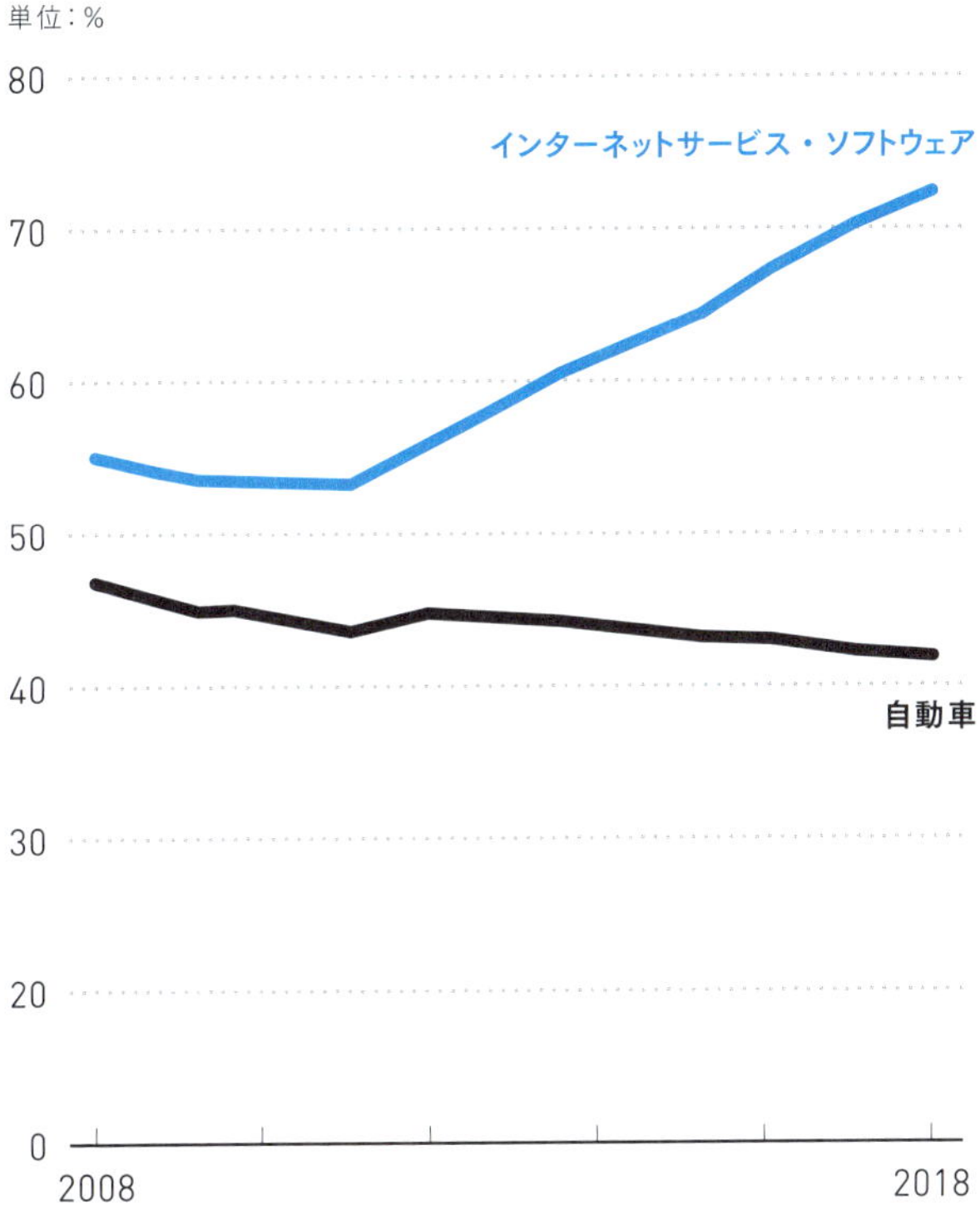

（出所）QUICK・ファクトセット、業種別の売上高上位5社の占有率を計算

CONTENTS

目次

CHAPTER 2 広がる異世界

CHAPTER 3 姿なき富を探る

CHAPTER 4

昨日とは違う明日

CHAPTER 5 刷新迫られる政策

NEO ECONOMY

CHAPTER 1

進化する経済

Chapter 1

Reportage 1

見えざる資産、成長の源に

——有形資産の1・5倍

経済が進化している。産業革命以来、人類は技術を磨き、モノを効率よく大量につくることで経済を成長させた。そんな常識をデジタル技術の進歩と地球規模での普及が覆す。富の源泉はモノではなく、データや知識など形のない資産に移った。これまでの延長線から離れ、経済は新たな未来を探る。豊かさとは何か。新しい経済「ネオエコノミー」の実像を追う。

「愛車の維持に月500ユーロ（約6万円）かかるのに、コストに見合うほど乗っていない」。フィンランドの首都ヘルシンキに住む30代の会社経営者、イェッセ・ペウララ氏は1年前、愛車のBMWを売り払った。いまは目的地への最適ルートに合わせてバスや電車、レンタカー、シェア自転車など様々な移動手段

広告で「このバスが満員でもWhimがあればタクシーも使える」とうたう（18年12月、ヘルシンキ）

を使いこなす。しかも費用は定額で月499ユーロだ。

「快適」が豊かさ

同氏の生活を変えたのはスマートフォンのアプリ「Ｗｈｉｍ（ウィム）」。2017年にサービスが始まり、ヘルシンキ市民の9人に1人が使う。車を持たない人が増えれば消費が減り、経済成長は鈍る。それがこれまでの常識だが、ペウララ氏は「余計なお金がかからなくなり、生活も便利になった」。豊かさの実感は確実に増した。

「快適な移動」という豊かさを生むのは、車というモノの所有ではない。どんな乗り物が、どこに、どれだけ、どんな状態にあるか。ばらばらで形のない情報をつなぐことで価値が生まれる。

18年にノーベル経済学賞を受賞した米経済学者のポール・ローマー氏は知識やアイデアが価値を膨らませる「収穫逓増」を唱えた。こうした形のない資産はすでに富の源泉の主役だ。米国、中国、日本の主要３０２社が持つ特許権やソフトウエアなど無形資産の規模は07年、機械など有形資産を上回り、17年には４兆ドル（約４４０兆円）と有形資産の１・５倍だ。

水売らぬ自販機

知恵や情報が価値の土壌となる例は身近にある。18年11月、ＪＲ国立駅の３番ホームの自動販売機から５００ミリリットルペットボトルの水が消え、緑茶に代わった。定番の水を外す「常識外れ」の選択で、この自販機の売上額は１カ月で３％増えた。

経済学者の研究チームがＪＲ東日本管内の自販機から得られた１億件超のデータを解析したことがきっかけだ。設備などモノを増やすことなく、データに学者の知恵を掛け合わせただけで「顧客の好みを細かにくみ取る」という価値を生んだ。

経済成長そのものも従来の延長線ではとらえきれなくなっている。

英経済史家アンガス・マディソン氏らによると、西暦１年から１９００年近くかけてやっと11倍になった世界の国内総生産（ＧＤＰ）は、その後たった１５０年弱で31倍に膨らんだ。自

スマホのアプリをかざすと過去に購入した飲料が表示される自動販売機（JR品川駅）

動車などモノの大発明が原動力だった。ところが20世紀後半に年率4％だった成長率は21世紀に入って年率2％に鈍り、「長期停滞」も論じられている。

成長の時代は終わったのか。インターネットには検索やSNS（交流サイト）など無料サービスがあふれる。米調査会社コンファレンス・ボードのキャロル・コラード氏らは17年の米国のGDPで無形資産への投資が12％を占めたのに、うち6割は公式統計が把握していないとみる。値段のない豊かさはGDPという尺度では測りきれない。

「国境がなく、形も持たないデジタル技術は、世界経済を根本的につくりかえている」。20カ国・地域（G20）が共有する危機感だ。国家はこれまでモノの豊かさを測る基準を定め、税制や社会保障を通じて富を分配してきた。目に見えない豊かさが広がり、国家という枠組みを根底から揺さぶる。経済の姿をとらえ直し、秩序をつくりあげるときが来た。

Chapter 1

Interview Bradford DeLong

経済の形、情報が変える

カリフォルニア大
バークレー校

ブラッドフォード・デロング教授

——経済の「成長」を測り切れていません。

「公的な経済統計は１８００年から続く『普通』の経済成長の把握に優れている。前年につくったモノを今年はどれだけ少ない資源で再びつくることができたのか、ということだ。産業革命以降、我々はそれを技術革新（イノベーション）と位置付け、成長の基準としてきた。トヨタ自動車の『ジャストインタイム』もその延長線上だ」

「新たな技術の時代になり我々の暮らしは大きく変わった。国内総生産（ＧＤＰ）はモノやエネルギーの利用は計測できても、情報アクセスの進化やコミュニケーションの向上をつかむのは得意ではない。後者はいま、急速に経済社会での位置付けを高めている」

――ノースウエスタン大学のロバート・ゴードン教授は「成長の終わり」を説いています。

「ゴードン教授は旧来型の成長について述べている。これは材料科学や内燃機関、工作機械などに頼る時代を前提としている。こうした世界の経済学では材料価格に対して消費者余剰が2倍になるのがせいぜいだが、データなど情報が材料になると、生み出す余剰は10倍にも上る。米グーグルなどＩＴ大手の利益率を考えてほしい」

「私は経済が形を変えているのだと言いたい。もはや橋や鉄道が進歩していく時代ではない。コミュニケーションや情報のやりとりが容易になっていく時代だ。富をどう活用し、コミュニケーションをどう幸福に変えていくかが問われている」

――技術が生むのは幸福だけでしょうか。

「私は『フォックスニュース問題』と名付けている。高齢者に偽の糖尿病の治療薬を売りつけるようなあしきことが、社会のコミュニケーションの情報インフラを通じて増幅されている。これにより、結果的に人が悪い決断へと導かれやすい状況が生まれた。技術への恐れはラジオの時代にもあった。ただ、我々は過去を乗り越えてきた」

――需給の均衡も技術によって変わりますか。

「米アマゾン・ドット・コムを考えてほしい。可能な限りすべての買い手と売り手を透明な市場で結びつけ、消費者が払う手数料を極力小さく抑えるビジネスだ。生産者は素早く、安く、簡単にモノを供給できるようになり、世界中から可能な限り安く買い手を見つけることができるようになる。いわゆる効率的で透明な完璧な経済に向かって同社は動いている」

「経済学者は『アダム・スミス・プラス』の考え方を持つ必要がある。アダム・スミスは分業とよく管理された市場による需給の均衡を説いた。だが技術の変化をどうとらえたらいいのか。発明や科学はどうか。ネットワーク外部性や独占など、行動経済学が扱う問題は数多く広がっている」

Bradford DeLong

専門はマクロ経済学。クリントン政権下で財務副次官補。モノがあり余る時代に経済学の変革の必要性を説く。

Interview Sampo Hietanen

MaaSは「約束」を提供する

マース・グローバル サンポ・ヒエタネンCEO

――バスや電車、タクシー、自転車などの移動手段を組み合わせてサービスとして提供する次世代移動サービス「MaaS（マース）」は我々の生活をどう変えるのでしょうか。

「移動の変革はこの数十年間に起こった様々なディスラプションの中で最も大きなものとなるだろう。消費市場で最大の支出先は住宅、2番目が移動だ。移動の支出の76%は自動車関連が占める。だが、人々が所有するクルマの利用率は1台につきわずか4%だ。東京では半分以上のクルマが週に一度も利用されていない。ほとんどの時間は駐車場や車庫で眠っている。これほど利用されない資産に多くのカネがつぎ込まれている」

「MaaSは移動を『所有』から『サービス』に変える。（自動車の量産を実現した）ヘンリー・フォード氏は我々に道路を使った移動の自由というすばらしい夢をくれた。だが、当時の世界は小さかった。（移動手段が広がった）現代の『完全に開かれた世界』を移動するためには新たな移動サービスが必要だ。それをクルマの購入と同じ金額で提供したら、人々の生活は輝くだろう」

――フィンランドの首都ヘルシンキでは2017年にアプリ「Whim（ウィム）」を投入して、MaaSが始まりました。

「ウィムには電車やバスといった公共交通機関、民間からはタクシー、シェア自転車やシェア自動車が参加する。それぞれのシステムを連携しているため、利用者がアプリ上で行き先を指定すれば、移動手段を組み合わせて経路を提案できる。定額制プランを申し込めば、電車賃やタクシー代を都度払いする必要がなくなる」

「シェア自動車ではベンツやフェラーリといった高級車も用意する。所有する1台に縛られることなく、用途や気分に合わせて乗るクルマを変えられる。さらに公共交通手段とも組み合わせる。こういった移動の自由を手に入れたことで、自動車の所有をやめた消費者は多い」

――クルマの所有はなくなるのでしょうか。

「なくなることの経済的恩恵が大きいので、不可避だろう。移動システムは世界最大の工場で、生産の76％を占める『クルマの所有』の生産性はわずか４％だ。そんな工場は存続できない。ヘルシンキ市は２０２５年までにクルマを所有しなくても不自由なく移動できる都市を目指している」

――既存の自動車産業はどうなりますか。

「どんなディスラプションでも生き残れない恐竜はいる。自動車産業は（各社が部品メーカーなどを囲い込む）閉鎖的なエコシステムのもとで発展してきた。完成車メーカーはエコシステムのトップに君臨してきた。ＭａａＳは誰もコントロールしない。鉄道会社や自動車会社、駐車場会社をつなぎ、消費者が求めるサービスを提示する」

――クルマというモノがサービスという無形資産に置き換わるということですか。

「我々が提供するのは必ず目的地まで運ぶという『約束』だ。所有にはその約束はなかった。消費者は移動の不便さやリスクを取り除くサービスを受けて、対価を支払う。移動の自由はなくならないし、むしろ快適さや環境に優しいといった新たな価値を生む」

「だが、クルマ自体はなくならない。所有モデルが現代ではもう通用しないというだけだ。自動車メーカーはほぼ毎月モデルチェンジや新車を出すが、どんなにクルマ好きでもそう頻繁には買い替えられない。新しいクルマに乗るワクワク感を4～5年に1度しか経験できない。ウィムならば、毎日ワクワクできる。実際、メルセデス・ベンツのヘルシンキの販売会社は市場投入を見送ってきた『Aクラス』モデルを、ウィムなら需要があると見て投入した」

――価格破壊が起こり、移動市場の経済規模が縮小しませんか。

「実は便利な移動の適正価格は誰もわからない。我々はその中で価格付けができる。大事なのは、月額100ユーロでいかに移動サービスを提供できるかということだけでなく、どうやったら顧客が2000ユーロを払ってくれるかを考えることだ。それはタクシーの行列で優先的に乗れる権利かもしれない。駅のホームでのカプチーノのサービスかもしれない」

「自動車業界はクルマに移動以上の価値を生み出した。移動という機能性だけでなく、人々はレクサスやフェラーリに憧れる。我々はその価値こそを大事にしたい。MaaSはよく『交通のネットフリックス』と言われるがそれは悪夢だ。消費者全員に一律の価格で均一サービスを提供することが目的ではないからだ」

――今後のウィムやＭａａＳの広がりは。

「ウィムの登録者はヘルシンキだけで7万人。英国やベルギーでもサービスを開始しており、会員の約1割が月額会員だ。２０１９年はシンガポールなどにも進出し、年内に利用者１００万人を目指す。日本への進出も19年の可能性が高い。すでに国土交通省や新たな投資家とも話しを進めている」

「我々の夢はグローバル会員をつくることだ。飛行機など都市間の移動も含めたい。日本の航空会社ともすでに交渉を始めている」

Sampo Hietanen

フィンランド出身。高度道路交通システムを推進するＩＴＳフィンランドのＣＥＯなどを経て、２０１５年にマース・グローバルを創業。ＭａａＳという概念の産みの親。

Chapter 1

Reportage 2

「ムダ」排除が生む低温経済

――摩擦ゼロに備えはあるか

モノ、時間、カネ。経済の価値を生む源なのに、意図せぬ摩擦も生む。摩擦ゼロの滑らかな経済は夢か。

カフェが試着室

2019年1月、バンコク。カフェを訪れた会社員、マニーラット・テプラビパードさんは店員から小包を受け取ると、コーヒーも飲まずに更衣室に入った。小包の中の衣類3点を試着し、1点を買った。アパレルのネット通販ポメロは18年末、利用者が指定したカフェやヨガスタジオなどに衣類を送り、「試着室」に変えるサービスを始めた。

空いた空間を「試着室」に転じる発想を支えるのは、ドライバーの位置を把握し、返品された衣類を別の「試着室」に転送するデジ

在庫が経済に引き起こす変動は小さくなった

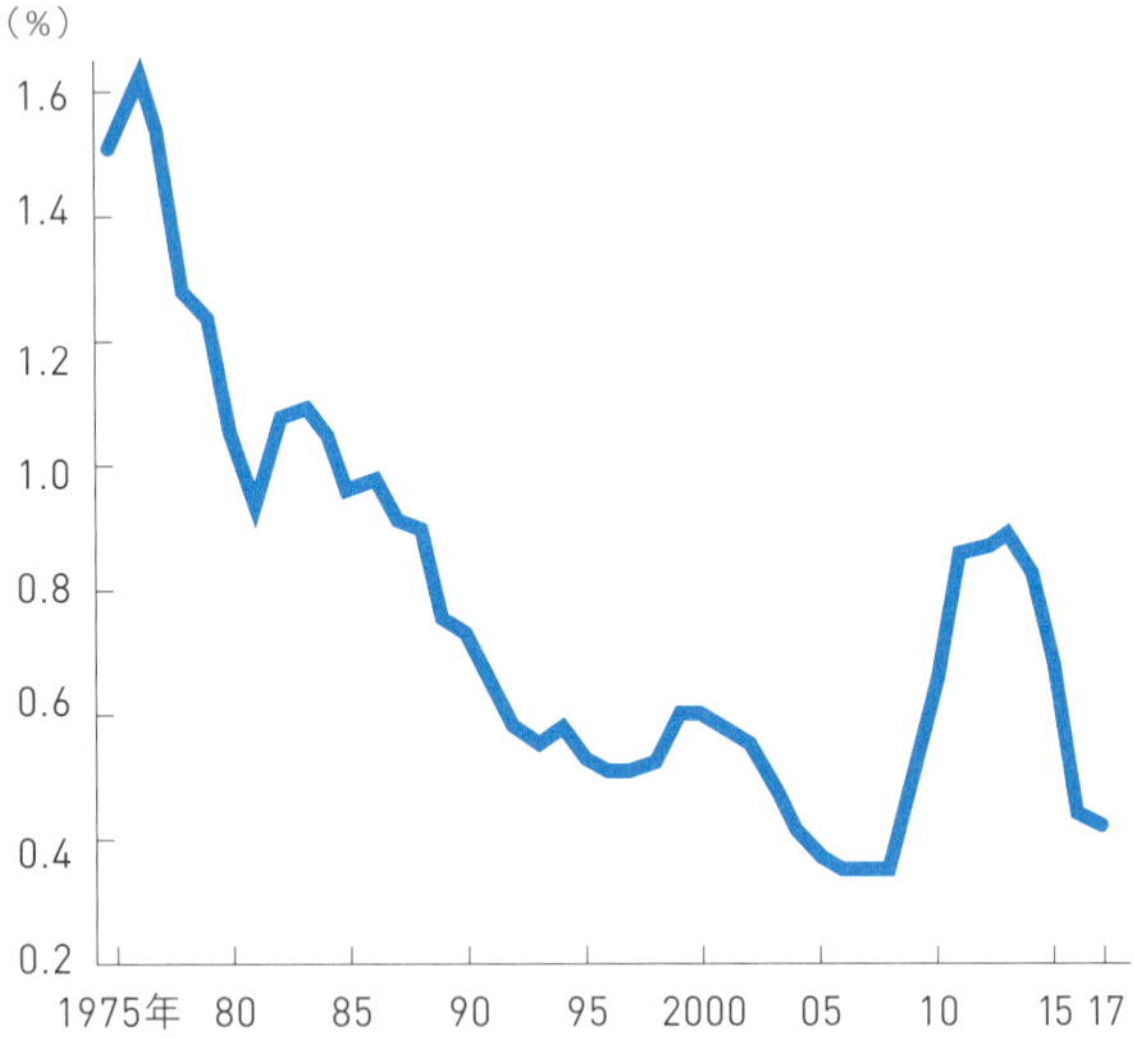

(注)在庫投資の経済成長率への寄与度。
経済協力開発機構(OECD)10カ国平均

タル技術だ。カフェの従業員らの更衣室が1日の間に使われる時間はわずか。自宅の空き部屋、週末しか乗らないマイカー。どんな邸宅や高級車も使わなければ新たな価値を生まない。

需要と供給の動きを見極めて流通の無駄を極力まで減らせれば、大型店舗で大量販売するよりも細かな需要にきめ細かく応じる方が収益につながる。米国の文明評論家、ジェレミー・リフキン氏は「ビッグデータを分析することで在庫を極限まで減らし、生産性を劇的に高められる」と語る。

企業はより効率的な在庫管理に動く。主要10カ国の経済成長率を在庫増が押し上げた度合いをみると、1970年代の1・6％から足元は0・4％まで低下した。40カ月周期の景気循環を指す「キチンの波」を起こすとされる在庫が意図せぬ形で増えるのを防げば、景気の波は穏やかになる。

給与を即日払い

経済の潤滑油、貨幣も摩擦の種だ。欧州で無店舗の銀行事業を展開するN26のバレンティン・シュタルフ最高経営責任者は「ひどい銀行サービスと高い料金に苦しむ人が世界中にいる」という。同社ではマスターカード加盟のATMで手数料なく現金を引き出せ、運営コストは既存銀行の6分の1。創業6年で230万人が利用する。

世界のキャッシュレス取引は今後5年、年2桁のペースで伸びる見通しだ。フィンテック企業のペイミー（東京・渋谷）は給与の即日払いサービスを手掛ける。月1回の給料支給という「摩擦」が減れば、給料日後に潤う居酒屋、ボーナス狙いの年末商戦といった風景が消えるかもしれない。

あり余るモノをつくり続け、大量に資源を消費してきた結果、人類は地球環境の破壊という負の遺産を膨らませ、産業革命前に比べて世界の気温は1度上昇した。経済から余計なモノをそぎ落とし、摩擦ゼロに近づけていけば、効率は高まり、社会の調和は増すだろう。

だがその半面、投資や生産は減り、物価が抑えられるデフレ圧力が強まる。見た目の成長が鈍る「低温経済」が続き、大量雇用という工業化社会の前提も崩れるかもしれない。仕事が人工知能（ＡＩ）やロボットに置き換わったとき、失業したと嘆くのか、それとも余暇や自由という新たな豊かさを手にしたと感じるのか。従来の延長線ではない、発想の転換への備えがあるのかが問われている。

Chapter 1

Reportage 3

LINEの利用価値300万円?
――GDPに表れぬ豊かさ

「いくらもらえたらLINEを1年間やめますか」。2018年春の卒業論文をまとめるため、金堂茉倫さんは東大在学中、約1200人に質問をぶつけた。日本だけで7900万人(18年末)に上る利用者に無料でメッセージのやりとりや通話を提供するLINE。値段のないサービスをお金に換算したらいくらになるのか知りたかった。

結果は「1人当たり300万円」。指導した渡辺努教授は「さすがに高すぎる」と計算ミスを疑ったが、再計算しても結果は変わらなかった。無料サービスに利用者が感じる価値の大きさが浮き彫りになった。

無料が生む矛盾

経済学ではこうした「お得感」を「消費者

照明器具の価格は
200年で実質1000分の1に低下

（1800年＝100、対数目盛）

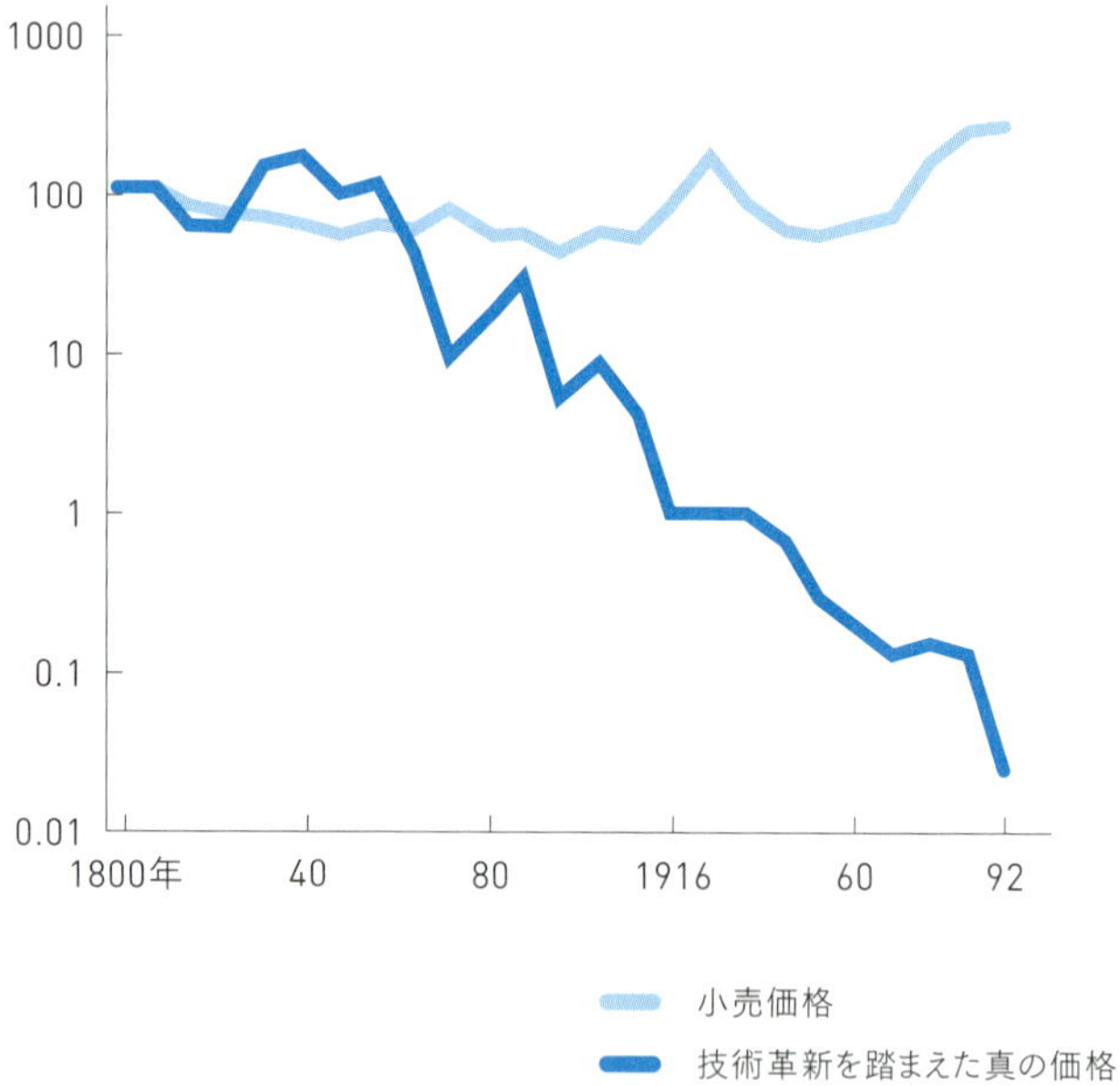

（注）米エール大のノードハウス教授の論文より作成

余剰」と呼ぶ。実感している豊かさなのに、国内総生産（GDP）をはじめ従来の経済統計では測り切れない。GDPが主に把握するのは、販売価格からコストを差し引いた生産者側の利益である「生産者余剰」だからだ。

デジタル技術の進歩で「お得感」は膨らんだ。例えば写真。スマートフォンの普及で写真の枚数は15年前の20倍、年1・6兆枚になった。撮影は無料で共有も簡単。便利になったのにカメラや現像は要らず、むしろGDPは減る矛盾が広がる。野村総合研究所は無料のデジタルサービスは日本で42兆円、GDP比8％分の価値があるとはじく。デジタルデータは再生産コストが低く、有料サービスでも価格が下がりやすい分、消費者のお得感は増す。

真の姿どう測る

技術革新がもたらす豊かさは測れるのか。ノーベル経済学者で米エール大のウィリアム・ノードハウス教授によると、1800年以降に照明の価格は3倍近くになったが、明るさという品質の向上を加味すれば、実質的には1000分の1に値下がりしたのも同然だという。たき火から電灯に至る照明の性能の向上という豊かさを統計は映せない。

「GDPは豊かさではなく、モノの生産量の指標にすぎない」。米コロンビア大学のジョセフ・スティグリッツ教授は「各国はGDPにこだわり、08年のリーマン危機後に誤った政策を選択した」と断じる。国力を測る取り組みは17世紀の英国で始まり、戦争遂行能力を調べるために発展した。ＧＤＰはかねて専業主婦の家事労働が計上されない欠点などを指摘されるように、値段のない豊かさをとらえることは不得手だ。

比較サイト「価格ドットコム」の有力販売サイトであるディーライズは自社開発したシステムで他店の価格動向を把握し、１０００～１５００種類の商品の売値を1分間に３～４回、見直す。月次の価格の変化を追う従来の物価統計は、変化の速度にも追いつけない。

無料サービスという豊かさを提供する米グーグルなど巨大デジタル企業は、世界中の利用者から対価として個人情報を吸い上げる。政府や中央銀行はモノの豊かさをＧＤＰなどの統計で測り、政策を決める根拠としてきた。だが目に見えない豊かさがＧＤＰの外側に広がる。経済の実像をどうとらえ直すかで、豊かさの形も変わってくる。

LINEの無料サービスは年300万円の経済的価値があると試算した金堂茉倫さん

Interview Jonathan Haskel

無形資産、無視せず計測

インペリアル・カレッジ

ジョナサン・ハスケル教授

――著書『無形資産が経済を支配する』では経済が知的財産など無形の資産への投資にシフトしていると指摘していますね。

「計測方法が確立されていないデジタル関連の資産は多い。例えばデータベースの価値はとても測りにくい。しかし、資産としてみれば大きな価値がある。顧客の信用情報を保有している銀行や、顧客の購入履歴のデータを保有するスーパーマーケットを考えれば、自明のことだろう」

「計測できないからといって、無形資産を無視するのは問題だ。データの価値を測る努力は続いており、私も著書で計測を試みた。精度は不正確にしても全く無視してしまえば、我々は誤った経済の姿をとらえることになる。計測にはなお努力が必要だが、進む道は間違っていない」

――測れる価値が拡大すると、経済や経済学はどう変わるのでしょうか。

「これらのデータを把握できれば未来は変わる。まず、マクロ経済が重要視する『投資』をより実態に沿って正確に測れるようになる。インフレを引き起こさないで需要を拡大できる可能性が高まる。無形資産は（設備投資を要する有形資産の増産と比べて）需要が増えることに伴う価格上昇圧力が小さい特徴があるからだ。金融政策の有効性の議論にも影響を及ぼすだろう」

――なぜ企業は無形資産への投資を加速させているのでしょうか。

「ＩＴのコストの安さは企業に再編を迫り、娯楽産業など無形資産を核とする企業のグローバル展開を可能とした。同時に経済がより複雑化し、労働の細分化も進んだことで企業は新たな方法で生産やイノベーション（技術革新）を実現していく必要がでてきた。そのために必要な知識への投資も増えた」

――世界経済の長期停滞論も指摘されていますね。

「無形資産に対する投資ペースは（２００８年以降の世界的な）景気後退の後、減速した。これは無形資産によるスピルオーバー（拡散効果）を減らし、生産性向上の減速につながっている」

「足元では多くの国が経済の減速に直面している。中国などの経済減速は不確実性や通商問題といった従来型の要因に依拠するところが大きいだろう。無形資産への投資ペースは世界的に一時停滞するだろうが、その後は中長期的に再び伸びるだろう」

――無形資産に経済の軸足が移ることは、資本主義の在り方をどう変えていくのでしょうか。

「無形資産は資本主義が進もうとしている次のステージの一部だ。資本主義は無形資産に富んだ経済に対応するための新たな形を探ることになるだろう」

Jonathan Haskel

英経済学者で『無形資産が経済を支配する』の著者。２０１８年から英中銀の金融政策委員も務める。

Chapter 1

Reportage 4

役所仕事1400年分削減
——「可処分時間」の争奪戦

北欧エストニアの首都タリンのスーパー。会社員のカトリンさん（40）は手に持つスキャナーでパンや飲料のバーコードを読み取りかばんに入れた。セルフレジでカード決済し、買い物はわずか2分で終了。「以前はレジで待たされた。今は買い物が気楽になった」

政府の電子化を急ぐ同国では税の申告から処方箋の発行まで公的手続きの99％がオンラインで済む。その結果、1人当たり年間で平均2週間分の時間の余裕が生まれた。不要になった役所仕事を試算すると、のべ1400年分だという。

どんな人でも等しく、1日の時間は24時間。だがIT（情報技術）化は生産性を高め、17年までの半世紀で先進国の1人当たり労働時間は11％短くなった。「24時間の壁」を破れな

いか。世界では新たな価値を生む「可処分時間」を増やし、奪い合う動きが広がる。

みずほ銀行は18年8月、JR東日本のICカード乗車券「スイカ」に銀行口座から直接チャージできるサービスを始めた。利用した会社員の田中秀明さん（45）は「駅で30秒かかっていたチャージが一瞬ですむようになった」と喜ぶ。

「1秒でも長く」

東京都の映像クリエーターの瀬川三十七氏（30）は2台のパソコンに向かい、「1秒でも長くユーザーをつなぎ留めたい」という顧客の注文に応える

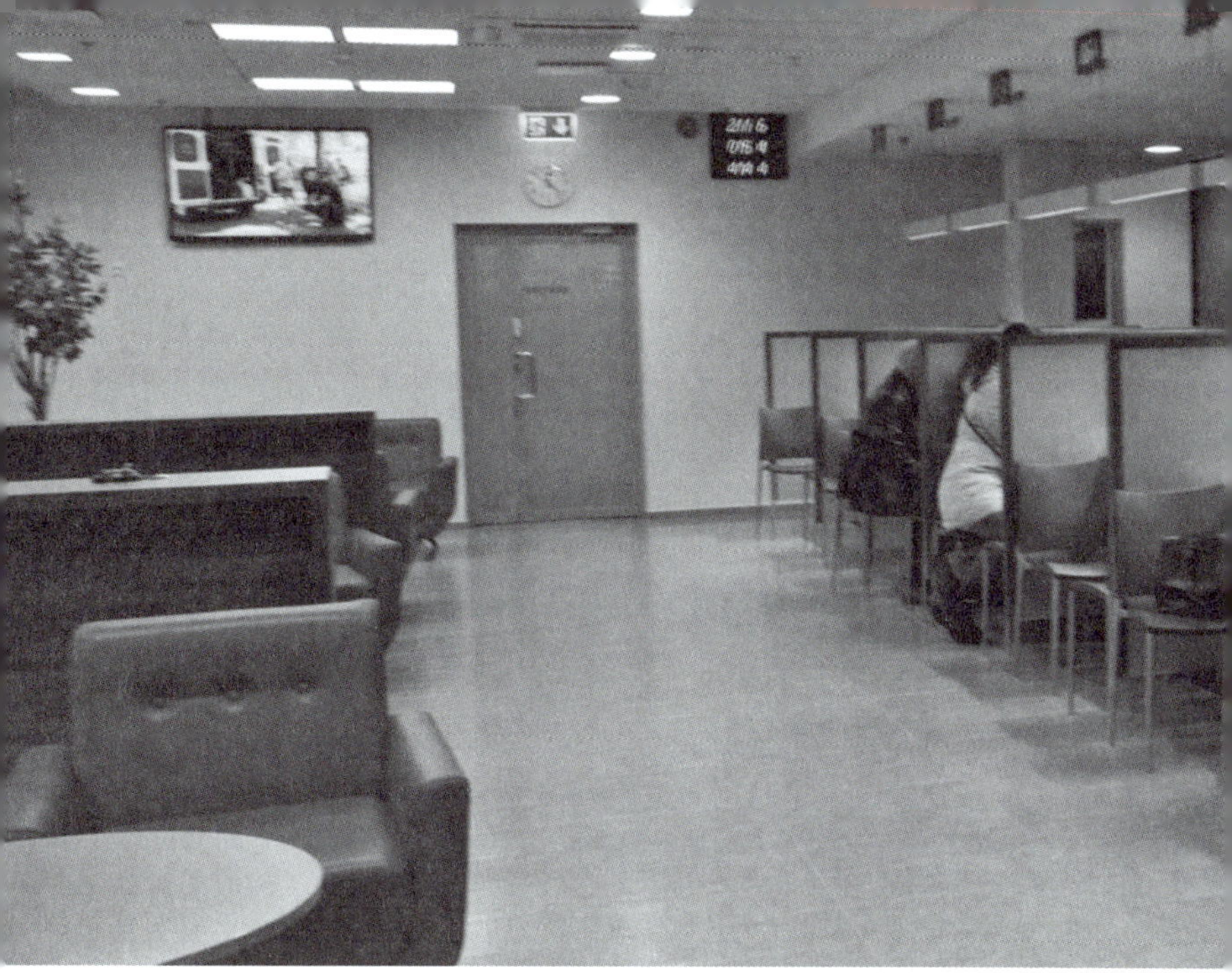

閑散とするエストニアの首都タリンにある税務署。役所手続きの電子化が進み、訪れる人が減った（2018年12月、タリン）

ための作業を進める。作っているのは浮世絵の登場人物が奇妙な動きを繰り返す6秒の動画。英アパレル大手が18年にネット広告に採用した。

ちょうど中国発の動画投稿アプリ「TikTok」が15秒の再生時間で世界的な人気を集めていた。「企業がユーザーに入り込もうとする時間の隙間は分単位から秒単位に小さくなっている」（瀬川氏）。細切れのわずかな時間が経済活動を生み出す源泉になる。

シンガポールの銀行最大手、DBSグループ・ホールディングスは個人口座を90秒で開設できるサービスを16年にインドで始めた。2年で口座数は200万超に。「隙間時間の取引への

動画クリエーターの瀬川三十七さん（東京都江東区）

適応が事業の未来をつくる」。最高経営責任者のピユシュ・グプタ氏は語る。

ナノ秒を削る競争

商品やサービスの普及までの時間軸は極端に短くなった。金融アドバイザーのブレット・キング氏によると、電話は5000万人の利用者を獲得するまで登場から50年かかったが、ツイッターは2年だったという。競争は加速し、株式市場では高速取引業者が瞬時に大量の売買をこなすため、ナノ（10億分の1）秒を削る競い合いを繰り広げる。

18世紀、アダム・スミスは「国富論」で国民が消費できるモノの量を豊かさだととらえた。生活必需品にも事欠く、モノ不足の時代だったからだ。そして現在。豊かさの尺度は

過去100年のテクノロジーの普及速度

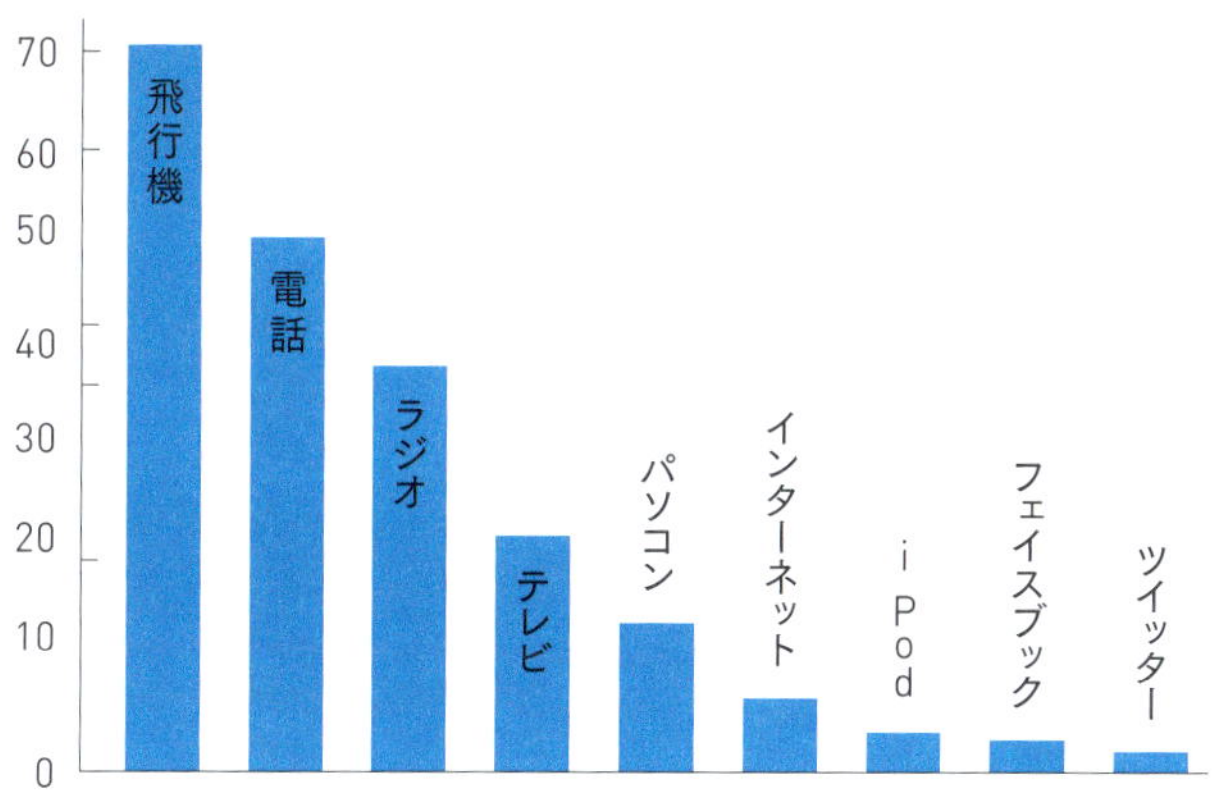

（注）ユーザー数5000万人に達するまでの年数、ブレット・キング氏の著書から作成

モノから時間へと移った。

ドイツの作家ミヒャエル・エンデは『モモ』で、時間泥棒から時間を取り戻す少女の物語を描き、時間とは生きることそのものだと語りかけた。経済や技術の進歩で増える「可処分時間」をいかに自分らしく生き、豊かさに変えていくかを考えるときを迎えている。

Interview Piyush Gupta

消費者の欲求に即応せよ

DBSグループ・ホールディングス ピユシュ・グプタCEO

――インドで90秒で銀行口座を開けるサービスを手掛け、2016年のサービス開始以来、2年で200万人超の個人顧客を獲得しました。短時間サービスにこだわる理由は。

「スマートフォン（スマホ）の普及で消費者は24時間365日休みなく、様々なサービスを享受できるようになった。現代人はすぐに欲求が満たされることに慣れた。米グーグルの検索サービスを朝に使い、答えが夕方に返ってくればよいと考える消費者はいない」

「銀行業務も同じだ。消費者はすぐに口座が開設でき、資金も引き出せる利便性を求めている。

そうした消費者の期待に応えて初めて、顧客との取引を拡大できる」

――消費者の要求がより厳しくなったということですか。

「今や自動車や不動産の購入など高額な取引もインターネットで完結する時代だ。銀行の決済機能が日常生活のあらゆる局面で求められ、消費者は銀行が常にそばにあるべき存在だと思っている。消費者が銀行の機能を必要とする時に、途切れることなくサービスを提供するのが基本だ」

――「人生をより楽しみ、銀行との付き合いはより少なく（Live more, Bank less）」がうたい文句ですね。

「銀行の支店を訪れるのは面倒で時間のかかる行為だ。交通渋滞が深刻なインドやインドネシアでは支店訪問のために、半休を取らざるをえないほどだ。我々がスマホなどを使って簡易な操作で取引できるようにすれば、消費者は時間を節約でき、好きなことに時間を使える。顧客の欲求を即座に満たすことが、新たな顧客を獲得する際の大きなけん引力となる」

――時間短縮の競争に限界はありますか。

「使うインフラに左右される。本人確認に公的な身分証明システムを活用する場合、情報を当局に照会し、答えが返ってくるまでの時間に制約を受ける。アプリを使ってすぐに本人確認できる国・地域では、クレジットカードの発行申し込みから60秒で買い物に使うことも可能になっている」

――消費者の時間やデータを握る米IT（情報技術）大手などが将来、銀行業に本格進出してきたら勝てますか。

「銀行が有利なのは、買い物など日常の取引が最終的に銀行口座を介して決済されることだ。消費者がどんなブランドを好み、何に時間を使ったかを銀行は把握できる」

「銀行にはこれまでデータを活用するDNAがなく、グーグルや米アマゾン・ドット・コムのような企業が先に異次元のレベルに行ってしまったのは事実だ。だが銀行も、彼らの使っている技術と同じ技術を活用できる。時間は多少かかるが追いつくのは可能だ」

――業種の垣根を越えて企業が消費者の時間を奪い合っています。

「必要な技術や機能は提携で補いつつ、銀行自身はプラットフォームのような存在になるだろう。DBSも人工知能（AI）を使ったチャットボット（自動応答システム）や不正な送金を防ぐ技術などは、独自技術を持つ新興企業と提携して取り入れた。顧客層を広げることも欠かせない。インドネシアの配車サービス大手のゴジェックと提携したのはそのためだ」

Piyush Gupta

インド出身で、米シティグループの幹部を歴任。シンガポール最大手銀トップ。59歳。

Chapter 1

Reportage 5

富の半分、上位10％が握る

――モノからデータへ偏る富

2018年11月、上海交通大学付属新華病院。転んで頭に重傷を負った5歳の女児が手術を受けた。女児は「相互宝」から30万元(約490万円)を受け取った。アリババ集団傘下の金融会社が発売した商品だ。「保険」のようだが前払いの保険料がなく、必要な給付額を月2回、加入者全員が等分で後払いする。

信用力で選別

常識外れの「保険」が成り立つのは、信用力の高い加入者だけを選別しているためだ。職業、学歴、年収などから点数化するアリババの信用評価格付けで「優秀」と認められることが条件。エリート限定のサービスを求め、発売4カ月で3500万人超が加入した。

データは富の源だ。産業革命以来、製造業

中心だった経済は転換し、データを資源とするデジタル企業が主役となった。

代表格の米アマゾン・ドット・コム。中小企業などに「マーケットプレイス」というネット小売りの場を提供し、膨大な売れ筋データを集める。09年から販売する自社ブランド品は靴やペット用品など約120種類にのぼるとの調査がある。何を自社ブランドとし、いくらで売るか。吸い上げたデータから戦略を導き出しているとされる。

データを掌握した勝者が富を総取りする経済は格差を広げる。アマゾンの従業員数は60万人を超え、世界有数の巨大雇用主だ。アマゾンは18年秋、米国の従業員の最低賃金を時給15ドルに引き上げたが、創業者で最高経営責任者（CEO）のジェフ・ベゾス氏の個人資産は1000億ドルを上回る。

再配分目詰まり

モノ中心の経済は工場労働者ら大量の雇用を生んだ。厚さを増した中間層が消費を底上げし、経済を成長させた。だがデータ中心の経済は異なる。情報から細かく需要を読み取ればむやみな大量生産は不要になる。人工知能（AI）などによる自動化が進み、知識と技能のある人に富が集中し中間層が細れば、従来の成長の方程式は崩れる。

1980年に20％超だった米国の製造業で働く人の比率は足元で8％台まで低下した。一方、

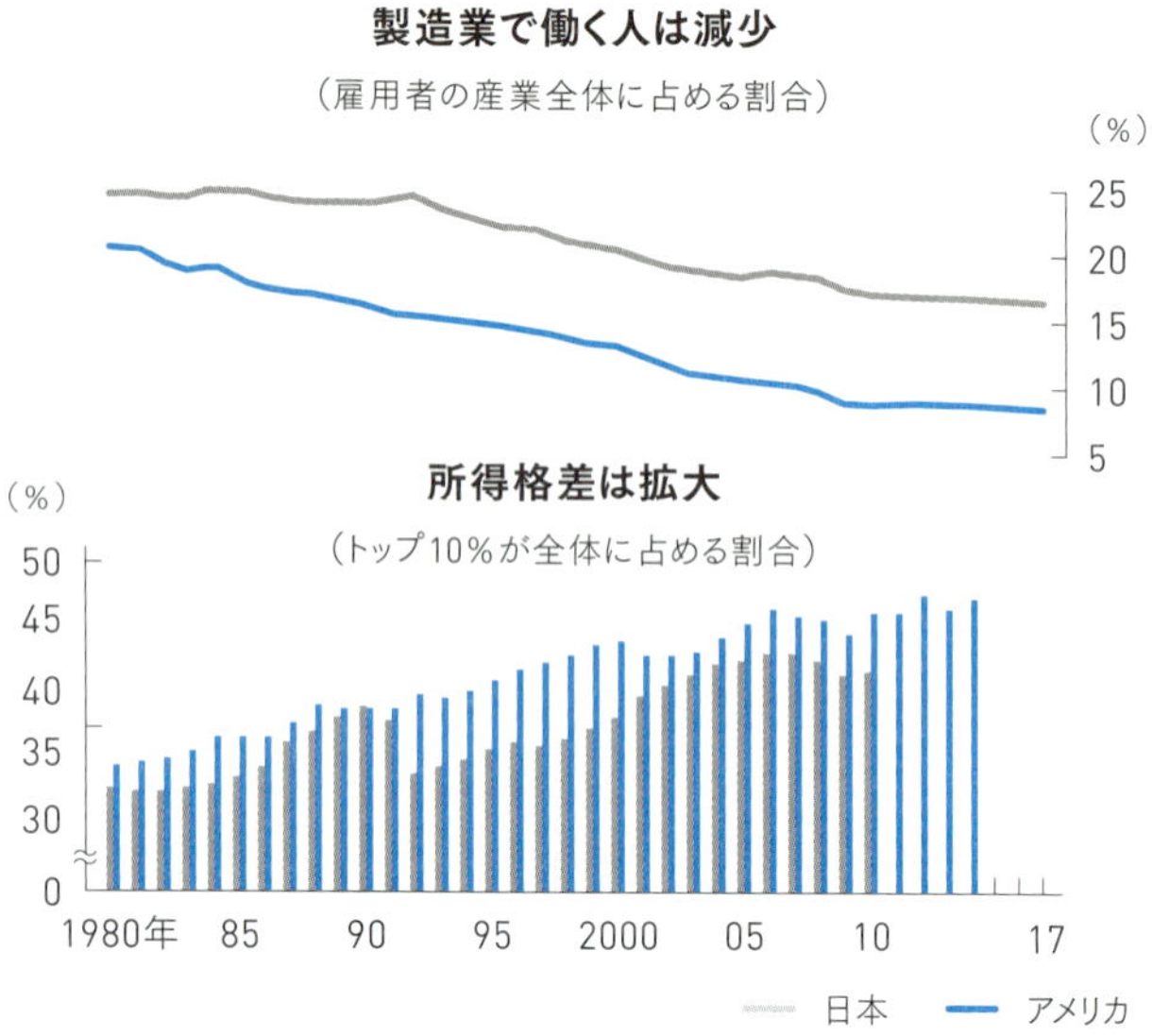

（注）OECD、米労働省、WIDより作成

米国で上位10％層の所得が全体に占める比率は同時期に34％から50％弱に上昇している。日本、ドイツも同じ傾向だ。企業活動はグローバルに広がり、デジタル情報は国境を軽々と飛び越える。国家は形なき豊かさをとらえきれず、社会保障や税制といった再分配の仕組みは目詰まりを起こした。古びた政策は経済の急速な変化に追いつけない。

　1930年、英経済学者のジョン・メイナード・ケインズは「孫の世代の経済的可能性」で、100年後には生産性が極度に上がり、あまり働かなくても皆が豊かになると予想した。その時期は近づくが、分配問題から人々が解放される理想郷は、まだ遠い。

Interview Scott Galloway

巨大IT分割、成長生む

ニューヨーク大 スコット・ギャロウェイ教授

――アマゾン・ドット・コムやグーグルなど「ＧＡＦＡ」と呼ばれる一握りのＩＴ（情報技術）企業は世界の経済をどう変えているのでしょうか。

「過去に成長をけん引してきた企業群は、たくさんの人々を雇用し、富は幅広く分散した。稼いだお金の大半を（給料や投資に）使い、強い乗数効果をもたらした。（ＧＡＦＡは）多くの雇用や新たなビジネスを生み、それゆえ税源の基盤になりうる分野で、それぞれ市場を制圧している。だが、今は（彼らのもとで）そうした成長は起きていない」

――革新的なサービスで人々の生活を一変させているのは事実です。

「ビジョンを持つリーダーを持ち、データの活用にたけ、過去のライバルの何倍もすばらしいユニークな商品を生み出した。消費者に多くの価値を生み出したことを否定するのは難しい」

「だが、イノベーション（革新）が囲い込まれると、それが必ずしも経済成長に転換されるとは限らなくなる。最も早く、力強く成長する部門が革新の欠如に陥っている。ごく限られた企業しか、その分野で十分な資金を得られないからだ。米国では過去40年、新規創業が半分になった。誰も彼らと競合する会社に出資しようとは思わない」

――なぜそこまでＧＡＦＡは巨大になりえたのでしょうか。

「彼らのビジネスに共通するのは『（利用されるほど価値が高まる）ネットワーク効果』を持つ点にある。自動車しかり化粧品しかり、往年の巨大企業が生んだ商品のほとんどは使い込むほどに価値が目減りする。だが、あなたがグーグルで検索するたびにグーグルのアルゴリズムは改善し、価値が上がる」

「ひとたびネットワーク効果を得たサービスは瞬く間に広がり、その分野の標準になって他の追随を許さなくなる。投資家も独占は法外な株価として報われると知っているので、（ＧＡＦＡは）極めて安価なコストでの資本へのアクセスも可能になった。イノベーターへの偶像崇拝も含め、好循環を生み、独占に近い力を持つ企業へと押し上げていった」

――データや頭脳のニューモノポリー（新独占）が、革新を阻害している証拠はありますか。

「革新は我々の人生をより良くするためにある。経済が健康かどうかは株価指数では測れない。最も基本的なリトマス試験紙は、平均寿命だ。米国と欧州では戦中期を除き、初めて3年連続で頭打ちとなった。中間層は細り、彼らの賃金は30年間停滞している」

「人々は、（効果から副作用を差し引いた）ネットではＩＴの巨人たちから便益を得ていると主張する。同意はするが、その『ネット』という言葉がくせ者だ。彼らがもっと社会に価値のある貢献ができるよう、我々にはすべきことがあるはずだ」

――具体的にどうすればよいでしょうか。

「競争こそが解だ。独占企業にとっての最適解はイノベーションでも多様性でもなく、現状維持だ。彼らはあまりに強大になり、政府すら取り込めるようになっている。大量に雇ったロビイストによって政府は打ち負かされている。今や『テクノロジー専制』の時代に入った。それを押し戻すことこそが本当のリーダーシップだ」

「米国には、あまりに侵略的な存在になった企業は分割するという誇るべき伝統があった。過去数年、反トラスト法に基づく措置は急減速してしまった。大半の議員らはテクノロジーやエンジニアリングの知見を持っていない。分割の必要を理解し、議論し始めることさえ難しい。だが、世論の支持も生まれつつあり、分割の可能性が芽生え始めたとみている」

――分割すれば、成長力は高まりますか。

「革新と経済成長の力を劇的に解き放つ。雇用も投資も増え、税の基盤も広がる。株主にも長い目でみれば、悪い話ではない。アマゾンからクラウドサービス『ＡＷＳ』が分離すれば、世界の十指に入る企業になる。１９８０年代前半のＡＴ＆Ｔの分割はベル研究所に眠っていた光ファイバーの技術がイノベーションの奔流を呼び、株主価値は急拡大した」

Scott Galloway

経営学修士号（ＭＢＡ）コースでブランド戦略など担当。ＧＡＦＡの実態と脅威を描いた著書『the four GAFA 四騎士が創り変えた世界』（邦題）で話題に。数々の企業を興してきた起業家の顔も。

Chapter 1

Interview Diane Coyle

デジタル革新、過小評価

ケンブリッジ大 ダイアン・コイル教授

――国内総生産（GDP）では経済成長や豊かさを測れなくなってきたと主張しています。

「21世紀になって本格的に到来した社会のデジタル化で、経済の構造が変わったことが大きい。伝統的な製造業が生み出す価値については多くの情報を手に入れられるが、無形のデジタル資産について知っていることはいまだ限られている。我々が対価を支払うことなく得ているサービスの価値を考えてみると分かりやすい」

——世界はＧＤＰでみえる以上に豊かになっている可能性があるのでしょうか。

「先進国経済の減速の背景には、人口の高齢化や（２００８年の）金融危機の影響もあるだろう。一方でデジタル化が進んでより多くの経験を楽しめるようになった。世界の遠く離れた場所にいる人とスカイプでコミュニケーションができる。金銭では測れない価値が広がっている」

——先進国経済の「長期停滞論」についてどう考えますか。

「私は意見が異なる。（長期停滞論では）20世紀初めにかけて起きたイノベーションの重要性が説かれる。それらが人類の生活や健康水準を大きく引き上げたのは事実だが、今も遺伝子技術や環境技術などは急速に進歩している。デジタルがもたらした現代の技術革新について十分捉えられず、過小評価している面があるのではないか」

Diane Coyle
英財務省のアドバイザーなど歴任。国内総生産（ＧＤＰ）の有効性に関する著作で知られる。

NEO ECONOMY

CHAPTER 2

広がる異世界

Reportage 1_1

私と分身で2倍稼ぐ

——生産性競争、深く静かに

2019年4月に開かれたハワイの高級住宅の内覧会。別荘を探していた男性は東京からハワイへ「瞬間移動」した——。実際には東京にいながら、カメラやモニターを載せたヒト型機械をパソコンで操作し、現地の案内係と会話した。男性の分身となる「アバター」による内覧会を手掛けたのは、ANAホールディングスだ。

「6%の壁」に挑戦

世界の航空旅客数はこの30年で4倍、40億人近くに増えたが、往復利用などを考えれば実際の利用者は世界人口の6%にとどまる。アバター事業担当者の深堀昂氏は、いち早く仮想世界の「旅行需要」を開拓し、現実の成長を阻む「6%の壁を越えたい」と話す。

産業革命以来、人類は機械化を進め、距離や時間といった物理的な制約を小さくしてきた。そして「アトム（物質）からビット（情報）へ」。マッキンゼーによると、国境を越えるデータ流通量は05年から17年までに148倍に膨らんだ。調査会社IDCは18年に121億ドル（約1・3兆円）だった仮想現実（VR）・拡張現実（AR）の市場規模は22年に10倍に膨らむとみる。制約のない世界は一気に広がるのか。

1970年代以降、経済はある矛盾にとらわれてきた。情報化を進めても労働生産性がそれほど伸びなかったのだ。経済協力開発機構（OECD）によると、95～2005年の年平均の生産性の伸びは米国で2・1%、日本は1・3%。これに対し05～15年はそれぞれ1%、0・5%にとどまった。87年にノーベル経済学賞を受賞した米経済学者ロバート・ソロー氏のいう「生産性の矛盾」だ。

新人もベテラン

革新的な技術は多くの人が使いこなすまで時間がかかる。19世紀末、米国で工場の動力源が相次ぎ電気に切り替わった後も生産性は約20年伸び悩んだ。設備の配置などが蒸気機関時代から進歩せず、組み立てラインといった新たな工夫が広がるまで電動の利点を生かし切れなかったからだ。

AR・VR市場は今後急拡大する

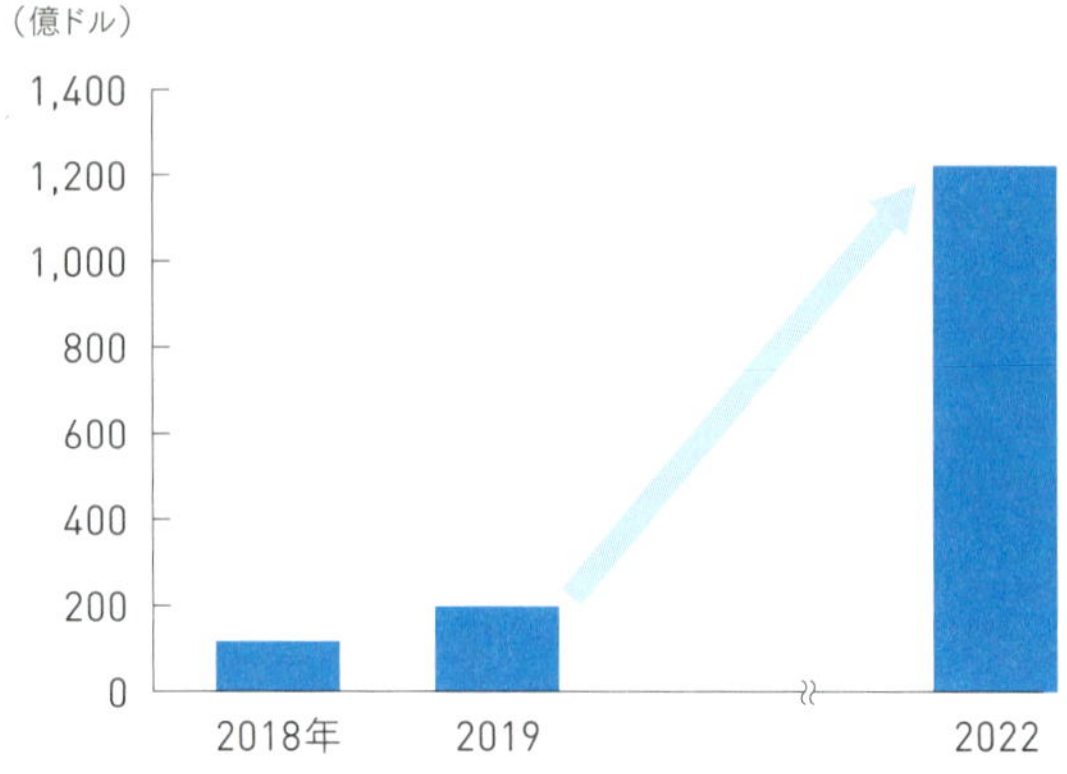

(注)IDC予測、ARやVRのハード、ソフト、関連サービスの市場規模

データの拡張速度は人の移動を大きく超える

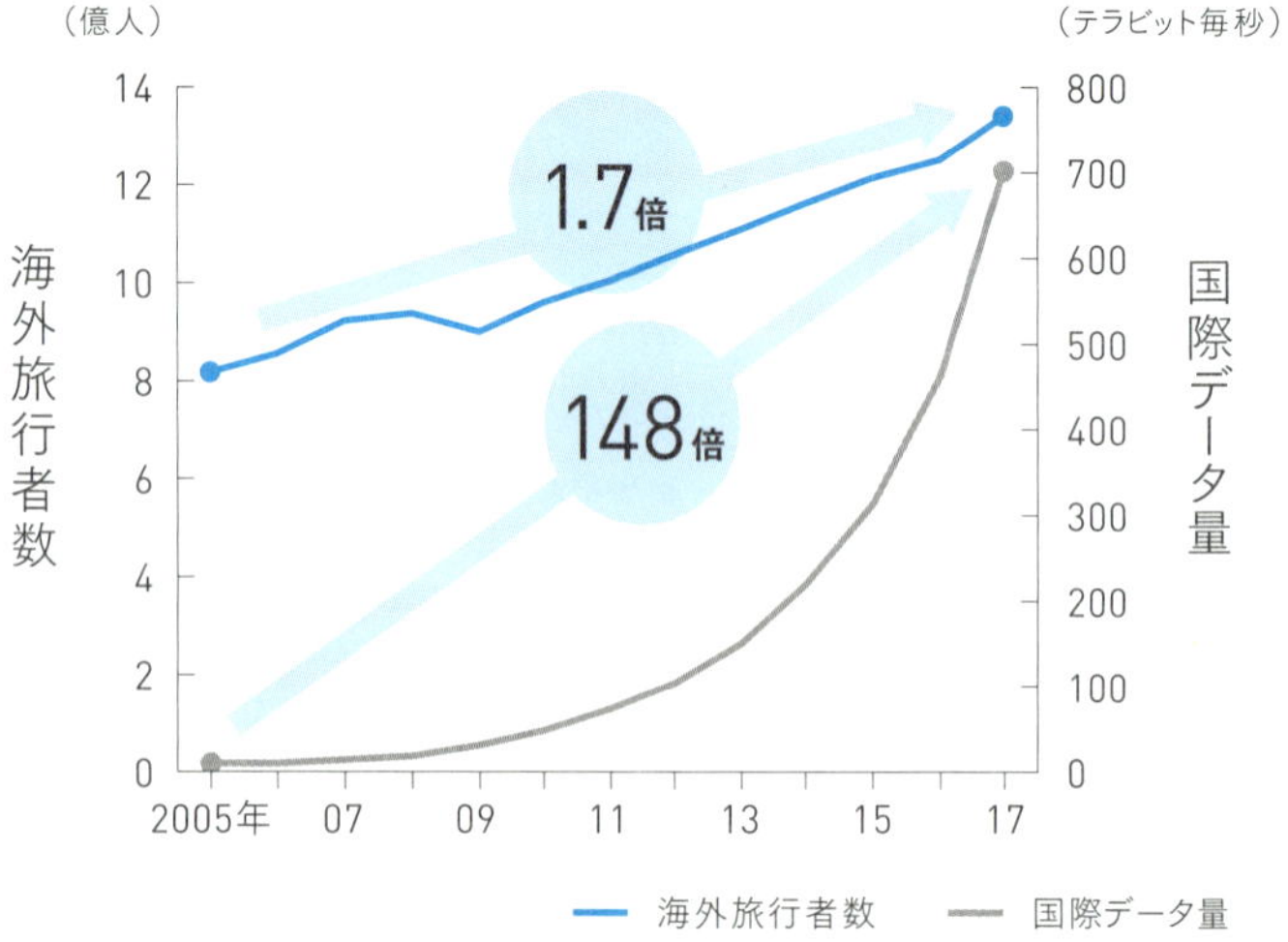

(出所)マッキンゼー、世界銀行

ITへの投資や活用に積極的な企業は生産性を伸ばす

（2009年を100とした指数）

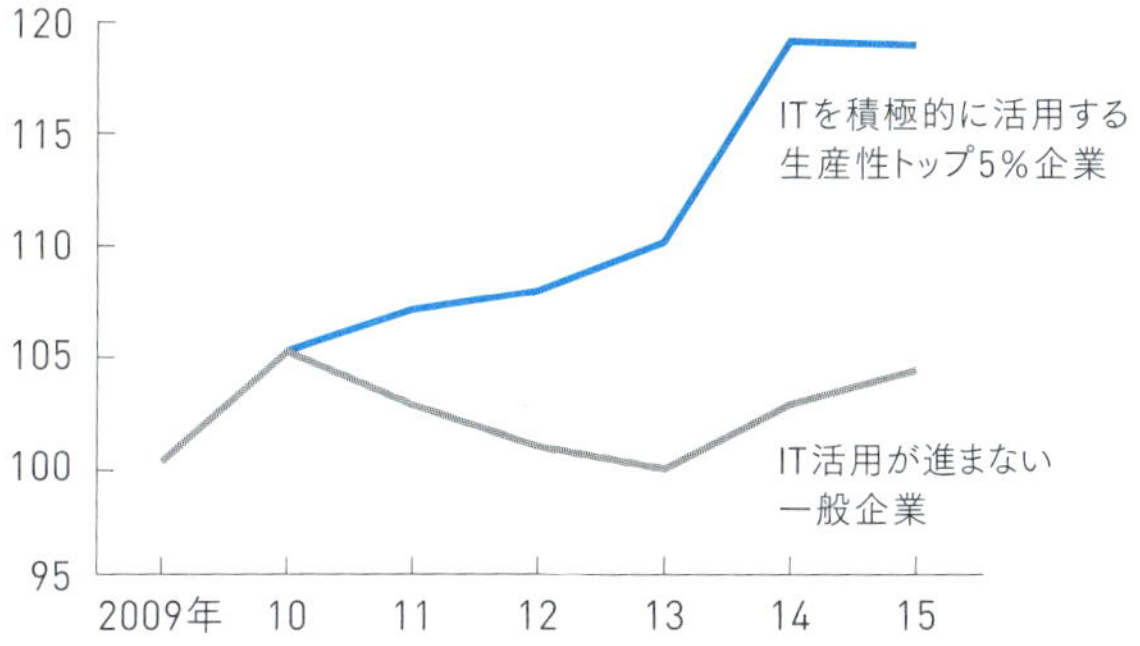

（出所）OECD

通信手段が普及しても移動需要は拡大

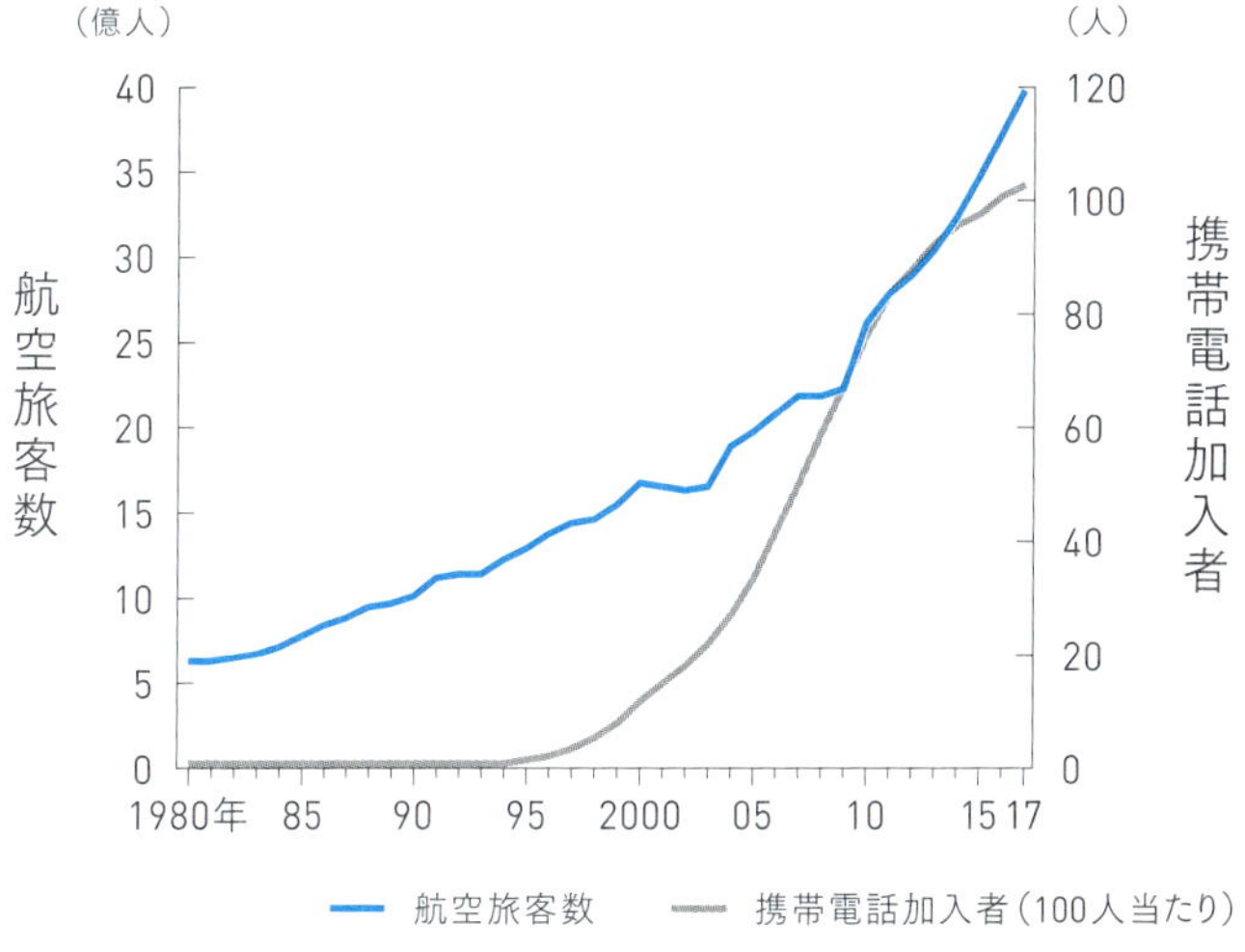

（出所）世界銀行

パソコンからスマートフォン、さらにARやアバター。デジタル技術を使いこなすための武器の充実ぶりは急だ。発電設備などを手掛ける明電舎では保守点検する機械に携帯端末のカメラをかざすと分解手順の解説などが映り、若手もベテランと同じように作業できる。OECDによると、デジタル分野に積極的な上位5％の企業の生産性は09年から15年に19％高まった半面、情報化の度合いが低い一般企業は4％だった。武器の差が生産性の差となる。

50歳代の榊浩行さん。昨秋に鎌倉旅行を楽しんだが、実はALS（筋萎縮性側索硬化症）で病床を離れられない。唯一動かせる視線で分身ロボットを操り、寺社巡りを実体験した。本人が家にいながら、分身ロボットが会社の会議に出る「もう1人の私が稼ぐ世界」も夢ではない。個人や企業が枠組みを超えて生産性を競う時代に「一国の国内総生産（GDP）を測る経済学的な意味もなくなり始めた」（米エール大の成田悠輔助教授）

産業革命で機械化を進めた欧米は19世紀、それまでの経済大国である中国、インドを追い抜いた。世界は再び大きな転換を迫られ、時代を先取りしようとする競争が深く静かに進む。残念ながら、日本はその大競争の先頭にはいない。

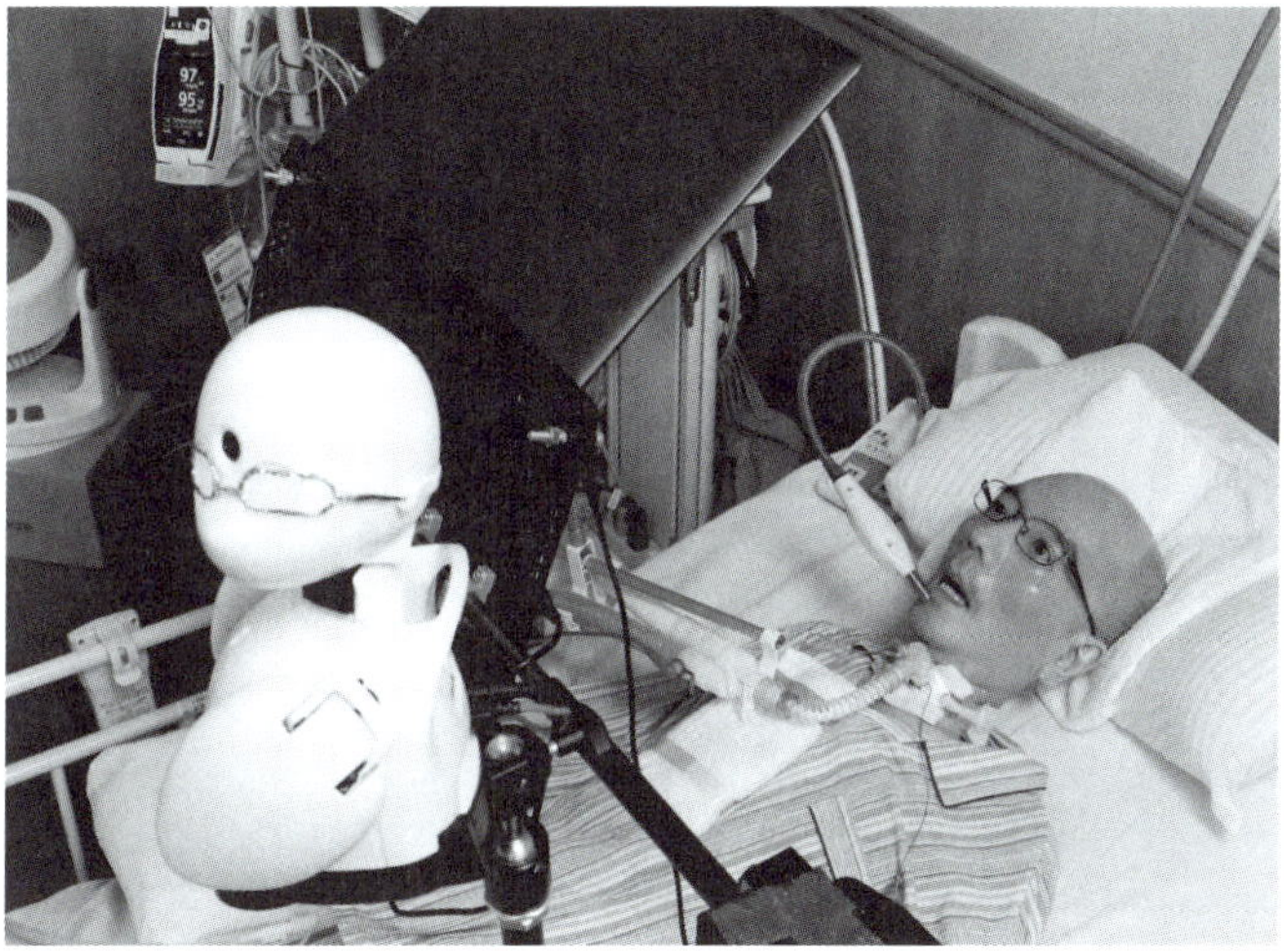

ALS患者の榊浩行さんは視線で文字を入力し、分身ロボットを通じ会話する（横浜市旭区の横浜旭中央総合病院）

Chapter 2

Interview Jeremy Bailenson

仮想世界、経済領域を拡大

スタンフォード大 ジェレミー・ベイレンソン教授

――仮想現実（ＶＲ）機器の利用が普及し、関連市場も拡大しています。

「いまや世界で数百万人もの人が消費者向けのＶＲ機器を持つ時代だ。将来は我々の生活の一部になるだろう。最近のＶＲの進化はめざましい。あなたが誰かや何かに移り変わったり、訓練やセラピーなど意味がある動きを再現する場合にうってつけのメディアとなっている。テレビやスマホなどあらゆるメディア向けにＶＲコンテンツの制作、開発が進んでおり（経済活動における）我々の経験や体験の幅を広げている」

――当面、どんな分野で利用が見込めるでしょうか。

「最もインパクトがあるのは企業研修だろう。すでに米ウォルマートは1万7000のVRセットを導入し、6千店舗の全店員に使わせている。顧客サービス研修や安全など難しい案件の研修において費用を節約し、効果をあげている」

――VRがつくる仮想世界の経済を成長させるために、気をつけるべきことは何ですか。

「最大の懸念は仮想世界でのプライバシーだ。VRはユーザーの身体を正確に計測することで成立する。それぞれの体の動きをとらえたデータはVRサービスを提供する企業によって、今後の実験のために記録され保存されている」

「数時間のVRシステムの利用が、ボディーランゲージのアルゴリズムの訓練のための膨大なデータを生み出す。それを分析すれば利用者が将来、何を買うか、誰とデートしたいか、犯罪に手を染める可能性があるかまで予測することができる。（懸念事項として）あり得るのは人の未来の行動に影響を与えるような広告を企業がVRでつくりだすことだ」

――VRは現実社会の人間関係にどのような影響をもたらすのでしょうか。

「VRでは現実感を感じられる映像や音声のシミュレーションをつくることは可能だ。だが、対人のやりとりにはニュアンスがある。触ったり、においをかいだりするのは仮想世界ではなかなか置き換えられない。テクノロジーは新たな仮想空間での体験をより洗練されたものにしていくが、それでも人は対人のコミュニケーションをやめないだろう」

Jeremy Bailenson

仮想現実研究の第一人者として知られる。スタンフォード大のバーチャル・ヒューマン・インタラクション研究所長も務める。

Chapter 2

Reportage 1_2

「幽体離脱」アバターが変える経済

——最新技術体験ルポ

ロボットを自分の分身のように操作する「アバター」技術に注目が集まっている。ロボットの頭や手を自由に動かし、実際にほかの地域にいる人と触れ合ったり、会話したりできる。記者はANAホールディングスと慶応義塾大学が開発した最先端のアバターを体験してみた。感想は「ロボットの中に意識が移り、まるで幽体離脱したかのような感覚」。東京からアバターを操作してハワイの物件を内覧したり、大分県で魚を釣ったりするプロジェクトはすでに始まっている。この技術はもっと大きく経済・社会の形を変える可能性を秘めている。

横浜市にある慶大大学院メディアデザイン研究科で「フュージョン」と名付けられた脱着型のアバター、通称「二人羽織」を体験した。ＡＮＡと慶応大、東京大の連携により完成したばかりの新型機で、２０１９年３月に開かれたアマゾン・ドット・コム創業者のジェフ・ベゾス氏主催のパーティーで初めてデビューしたばかりという。

アバターは上半身のみの骨組みで、リュックサックのように背負って装着する。重さは約10キロで、それなりに重い。軽い人間を背負っているような感覚だ。

慶応大特任講師のムハマド・ヤメン・サライジ氏が部屋の隅に座ってゴーグルを付け、グローブをはめると、突然、ぶらりと垂れ下がっていたアバターの２本の腕や頭が音を立てて動き始めた。自分と別の腕が背中から出てくるため、少し窮屈にも感じる。しかも、このアバターの腕は勝手に周辺の人に手を振ったり、風船をつかんだりする。腕が４本になるような便利さを想像していたが、むしろ自分の領域に他人が入ってきた感覚だった。

ＡＮＡホールディングスのアバター準備室でディレクターを務める梶谷ケビン氏によると、この二人羽織が活用できそうなのは、技術伝承や教育などの分野という。ピアノのレッスンでは先生が隣に座っているような教え方が可能だし、海外の労働者に難しい溶接の技術を教えることもできる。確かに、アバターに入っている人との意思疎通がうまくいけば違和感はなくなる。先生がアバターに入れば、言葉にするのが難しい手首の角度など細かな点まで指導してもらえそうだ。

もっとも、ここまでの体験は正直なところ、事前の予想を大幅に超えるものではなかった。アバターの可能性を強烈に感じたのは、この次に体験した「ゴーグル」の方だ。

部屋の隅のイスに座り、ゴーグルを付けて部屋を見渡す。さきと同じ風景だが、自分の腕だけが異なる。自分の腕のように動くのだが、見た目はロボットの腕だ。制御はすぐに慣れ、テープをつかんだり、風船を持ったりできるようになった。しばらく夢中になったあと、部屋を見渡してぎょっとした。部屋の隅に座っている人をよく見ると、それはゴーグルを付けた自分だったのだ。この瞬間、自分の意識はすでに自分の体からアバターに移っていたことを自覚した。意識の抜けた自分を外から見るという体験は初めてで、まるで幽体離脱のようだった。

「うわっ」。思わず声をあげて驚いたのは、ゴーグルを外した瞬間だ。アバターの位置にいたはずの自分が、部屋の隅のイスに座っていることに強烈な違和感が生じた。自分が部屋の隅から一歩も動いていないというのが、頭では理解できても、感覚が一致しない。明らかに一定時間の記憶は、自分の肉体ではなく、アバターとして過ごした時間になっていた。

ANAはアバターを単なるロボットの遠隔操作ではなく、「意識の伝送」だと説明している。彼らはパソコンにログインするように、アバターに入る「アバター・イン」を動詞として使っている。視界や動作が一致するだけでなく、アバターを通じて周辺の人々やモノと自然にふれあえるため、自分がアバターに「イン」する錯覚が生じるのだ。アバターとしての行動はすべ

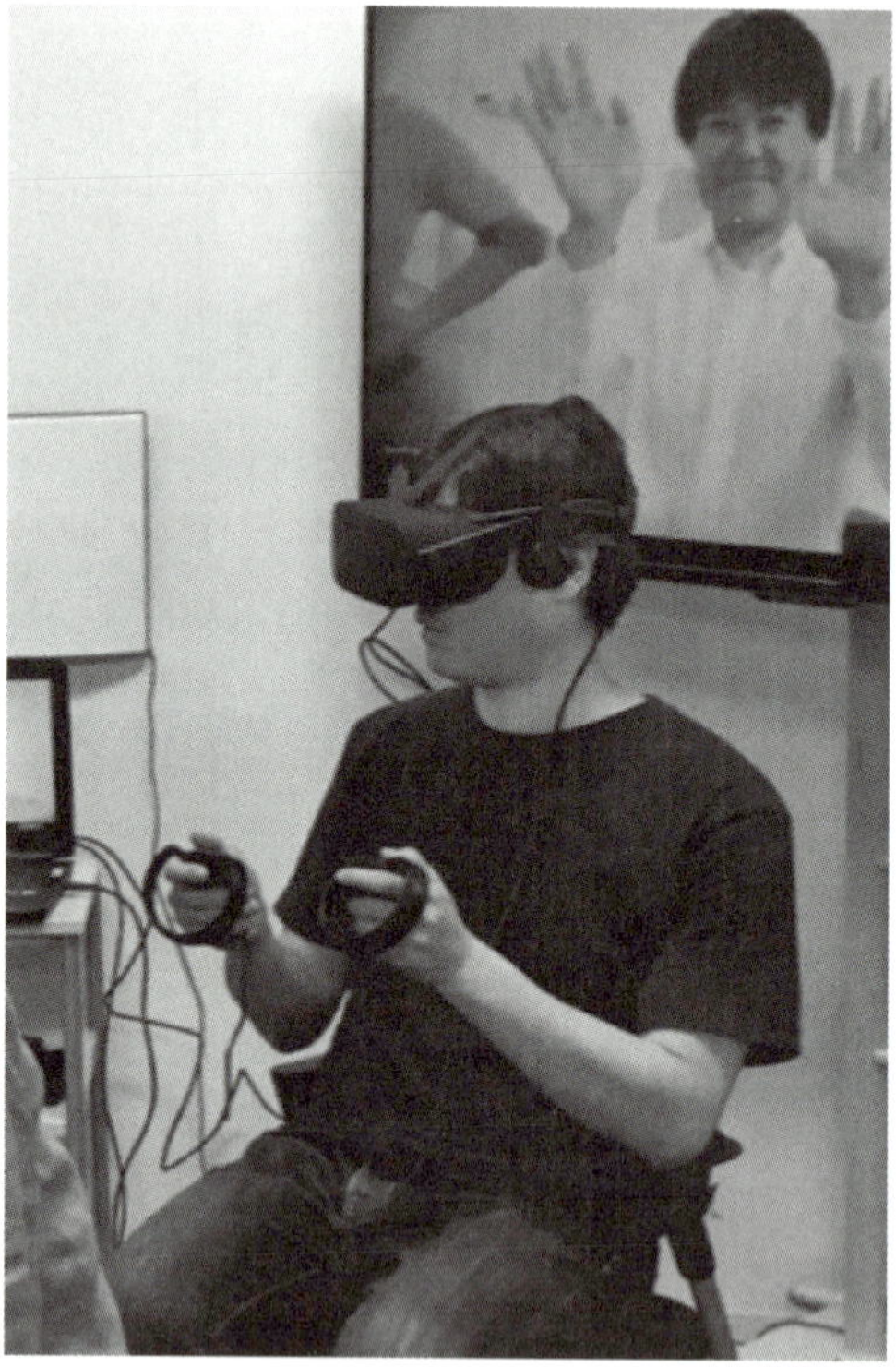

自分の意識がアバターに移る体験ができる

てリアルな世界。VRを使ってバーチャルな世界の中に没入するのとは根本的に異なる。たとえば、コンサートの動画をみるのと実際に会場に足を運ぶのでは、感覚はまったく異なる。VRは前者、アバターは後者に近い。アバターを使えば「ミジンコのような小さな体になって、狭い机の上で大きなコンサートを開くことだって可能になるかもしれない」（ANAホールディングスの深堀昂氏）。「巨大な建機をアバターにすれば、腕を動かすようにパワーショベルを操れる」（梶谷氏）。足が不自由な人が走り回ることも、地球の裏側に〝瞬間移動〟することもできる。

技術的には越えなければならない壁はまだまだ多い。だが実際に「アバター・イン」を体験してみると、この技術が普及した場合に経済や社会に与えるインパクトは予想外に大きいのではないかと感じた。

Chapter 2

Reportage 2

30万の駐車場衛星で監視

——過ちなき市場は実現するか

「バフェット氏を巻き込もうとしている」。米調査会社ゴードン・ハスケット・リサーチ・アドバイザーズは2019年4月29日、米石油会社オキシデンタル・ペトロリアムが同業他社の買収に向け、著名投資家ウォーレン・バフェット氏に接触したとの「予測」をまとめた。

翌日、オキシデンタルはバフェット氏の会社から100億ドル（約1兆1千億円）を得たと発表。ゴードン社はオキシデンタルの社用航空機の経路からバフェット氏に支援を求めたと読み切った。買収合戦の激化による価格高騰のリスクを指摘し、それに従ってオキシデンタル株を空売りした投資家は利益をつかんだ。

公式統計より早く

位置や決済、SNS（交流サイト）の情報分析。政府中心の公式統計ではなく、非公式の「オルタナティブ（代替）データ」だ。米スタートアップ、オービタル・インサイトは衛星写真から米小売129社の店舗に併設された約30万カ所の駐車場を分析し、車の台数を毎日集計している。企業取材や決算を待たず、売上高の変動を読むためだ。

公式統計が映すのは1、2カ月前の経済の姿だ。日次や週次なら経済の今をとらえられる。ロスチャイルド家は1815年、電話も電信もない時代にワーテルローの戦いでのナポレオン敗北の情報をいち早く入手して英国債を売買し、巨利を得た。デジタル時代の運用会社は1兆円ともいわれる資金を投じ、独自データの収集を競う。その動きは政策当局にもおよぶ。

当局も先読み急ぐ

「2018年12月の小売売上高の落ち込みは、他の大部分のデータと整合しない」。米連邦準備理事会（FRB）のパウエル議長は19年3月20日の記者会見でこう話した。市場が期待する「利下げ」をはねのけた根拠の1つは、米決済最大手ファーストデータのクレジットカードの決済データの強さ。全米カード取引の45％を網羅し、3日前の支出動向までわかるという。見かけは失業率1％前後のタイでは中銀がネット上の求人情報などから雇用の実態をとらえようとしている。

カナダ・トロント大のアジェイ・アグラワル教授は、人工知能（ＡＩ）の進化などで予測の精度を磨けば、経済の無用な変動は減ると説く。例えば日本の景気の拡張期間をみると１９５０～90年代は平均30カ月強だったが、00年代以降は平均50カ月超。景気の波はなだらかになっている。

価格にあらゆる情報が瞬時かつ合理的に反映され、人々の思惑や感情が入り込む余地がない。経済学では過ちなき究極の市場の姿を「効率的市場仮説」として描いてきた。すべての情報が織り込まれ、常に公正な価格で取引されると、例えば投資家が直感によって市場平均を超える利益を求める意味は薄まる。個々の投資家の目先のもうけに差はなくなるかもしれない。

予測を磨く試みは市場を効率的な理想型へと近づける。バブルや大恐慌といった想定外の激変も避けられるようになるのか。少なくとも、公式統計という従来の物差しで引く過去からの延長線にはない経済が目の前に現れ始めている。

2000年代半ば以降、景気循環はなだらかに

（各局面の平均月数）

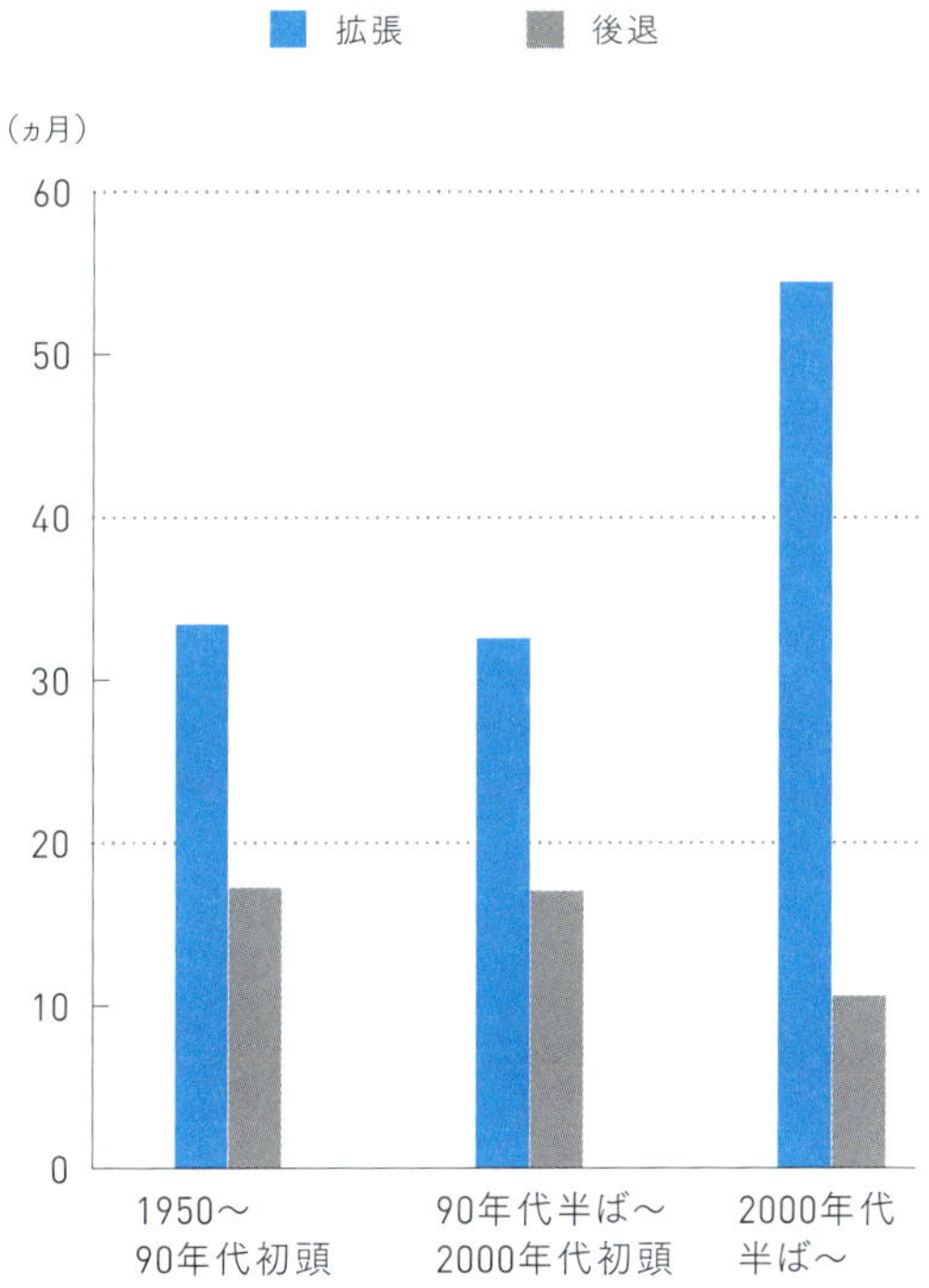

全米の小売店の駐車場を衛星写真で毎日観察し、車の台数から売上高を予測する。
©エアバスDS2019

Home Depot
Orange

Chapter 2

Reportage 3

見え始めた「見えざる手」
――最適価格、中銀の役割問う

２０１９年４月、平日午後４時半。バンコクの焼肉店「ムー・アンド・モア」では、日が沈む前から３組の客が夕食をとっていた。「かつてはガラガラの時間帯」（店主）をレストラン予約アプリ「イーティゴ」が変えた。料理の価格が時間帯ごとに変わり、夕食時の前をアプリで予約すれば通常の半額だ。

「空席は最低価格」

時間帯によって見込まれる客数と店側が期待する利益率を掛け合わせ、30分ごとの最適な割引率をはじく。空席率７割とされる外食産業。ドイツ出身のマイケル・クルーセル最高経営責任者（ＣＥＯ）は「埋まる席は最高価格、空席は最低価格で」を徹底し、店の利益の最大化をめざす。

高い割引率を提供して明るいうちから夕食客を取り込んでいる（19年4月、バンコク）

需要の変化をデータでとらえ、最適な値段を瞬時にはじく。航空運賃などから始まった「ダイナミック・プライシング」という変動価格が経済全体に広がる。慶大の坂井豊貴教授は、需要と供給に応じて市場で合理的に価格が決まるという「教科書の世界に世の中が近づいてきた」とみる。

「定価」の寿命は半減した。米ハーバード・ビジネス・スクールのアルベルト・カバロ准教授は、米小売大手による定価改定の周期は2008～10年の平均6カ月半から14～17年には3カ月半に縮まったとみる。米アマゾン・ドット・コムが価格変更する回数は1日に250万回に上るとの調査がある。カバロ氏はネット通販に引っ張られる価格変動を「モア・アマゾン・エフェクツ」と名付けた。

「定価」の寿命は短くなっている

（米大手小売店で価格が変わらなかった平均月数）

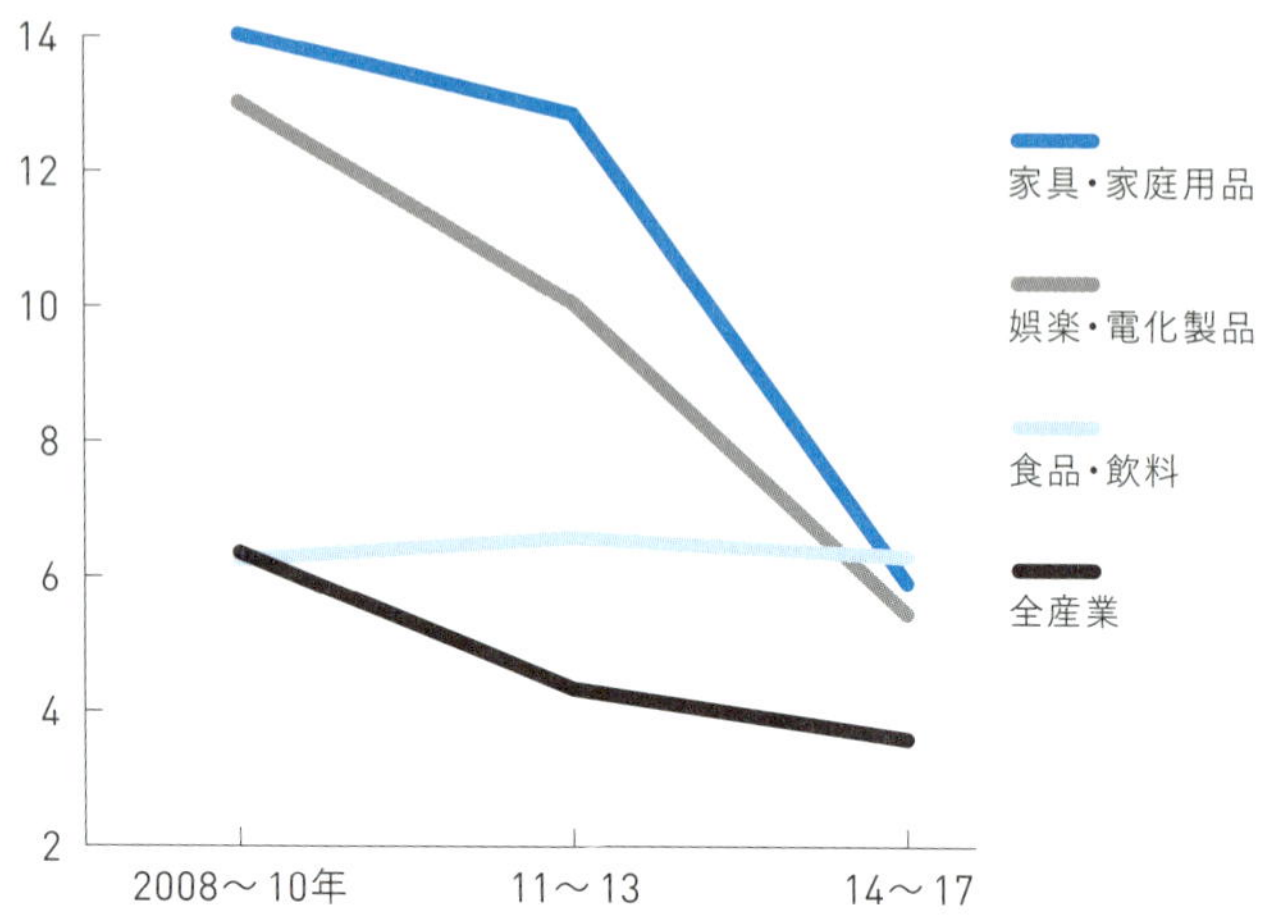

（出所）ハーバード・ビジネス・スクールのアルベルト・カバロ氏

「低温経済」続く

膨大なデータで需要が目に見える形になれば、個々の消費者ごとに値段を変え、企業が利益を最大化することも考えられる。だがアマゾン首脳は19年3月、米研究者らに「『価格差別』はしない。取り返しがつかなくなる」と話した。たとえデータに基づくと説明しても、個別の値付けに対しては、顧客が「事実上の値上げだ」「不公平だ」などと反発しかねないからだ。

デジタル化がインフレを抑え込むように、先進国では「低温経済」が続く。経済協力開発機構（OECD）によると、加盟国の消費者物価指数

（ＣＰＩ）の伸びは１９８０年の14・78％をピークに84年に10％を下回り、ここ10年は１〜２％台で推移する。消費者は頻繁に価格が変わる世界中の商品から、最安値を簡単に探せるようになった。

アダム・スミスが約２４０年前に「見えざる手」と呼んだ市場メカニズム。デジタル技術がその姿を現実に浮かび上がらせる。値札を書き換える印刷代が必要だったり、他社の動向を調べる情報収集に手間がかかったりするため、価格は変わりにくいというのが経済学の定説だった。

ところが価格が頻繁に小刻みに動き、市場の需給を効率的に映し出し始めた。物価統計という従来の尺度ではその実態をつかめない。いつも最適な水準に向かって価格が落ち着いていく経済では、物価の安定を目標に金融政策を運営する意味は薄れる。見えざる手に導かれて最適化する価格はモノやサービスの価値だけでなく、金融政策のあり方さえも問い直している。

Chapter 2

Interview Michael Cluzel

価格変動で利益最大化

イーティゴ共同創業者 マイケル・クルーセルCEO

――需給に応じてリアルタイムで価格を変えるダイナミックプライシング（DP）を外食産業に導入しましたね。

「航空機やホテルの搭乗率・稼働率は7～8割だが、外食店の客席稼働率は30％台にとどまる。世界の外食市場（着席型のレストラン、屋台などを除く）の規模は2兆2000億ドル（約240兆円）とされており、この稼働率を10％引き上げるだけで6000億ドル程度の市場ができることになる」

「消費者はイーティゴのアプリで時間帯によって10～50%の割引きで人気レストランを予約できる。店側にとっては空席率が高い時間帯に集客でき、利益率を高められるメリットがある。航空機のチケットをオフピーク期間に安くして売っているのと同じ原理だ」

――どのように割引率を決めているのですか。

「過去のデータなどのアルゴリズム分析に基づいた収益計画を顧客である店とつくり、時間帯ごとの集客策を決めている。店側は30分ごとに特定の割引率を何席あてるかも決められる。たとえば11時半に割引50%と決めた4席がなくなれば、予約アプリには別の低い割引率が表示される。空席率の高い時間帯に新規顧客を獲得したり、既存客をピークの時間帯からオフピークに分散したりすることができる」

――イーティゴを使うと、店の価格支配権は拡大する。

「細かく分析されたアルゴリズムに基づいて、従来よりも洗練された値付けができるわけだから当然だ。イーティゴは価格の割引ではない。需要に応じた価格の調整だ。最も稼働率が低い時間帯は、採算がとれる最も低い価格が適正価格だ。外食店の空席は生ものと同じで、何もしないで固定費を腐らせるよりも少しでも人を入れて最低価格を取った方がいいからだ。需要が高ければ、その価格にプレミアムを上乗せすればいい。現在の外食産業はプレミアム価格が中心だから空席が生まれる」

「逆に、6週間先まで予約がとれないレストランがあると聞けば、それは価格が安すぎるからだろうというふうに考えることもできる。これも価格の設定ポイントと需要がずれている」

――利益率など店舗業績は平均でどれくらい改善しているのでしょうか。

「イーティゴを使う店の客の平均2～3割はイーティゴ経由だ。利益率を2桁改善できる店も少なくない。イーティゴ経由の客の1人単価はもちろん通常の客より低いが、客数が増えることで店舗全体の利益率は上がる」

――適用する価格や割引を個人によって変える仕組みは考えていますか。

「データが十分でないこともあり、まだ個人間の価格差別が可能なレベルにはない。消費者は差別に対して極めて敏感だ。DPであっても消費者にとって不透明な理由で高い料金を請求されれば、強い反発が出るのは当然だ。これは超えてはいけない一線だ」

「DPは店側にとっては合理的だが、消費者は合理性だけでは動かない。消費者の信頼や満足度は何より重視すべきだ。例えばイーティゴではアプリで時間帯別の割引率を一覧にして見える化している。チケットの値付け方法がやや不透明な航空産業とは異なる」

――日本の外食産業でもＤＰは広がりますか。

「今後は東南アジアやインドだけでなく、日本や中東も視野に入れている。これまでの経験で店舗の賃料や人件費といった固定費が高い先進国市場ほどＤＰが受け入れられる傾向が高いのがわかってきた。日本は固定費が高く、規模の大きい都市が複数あるので非常に魅力的な市場としてとらえている」

Michael Cluzel

ドイツ出身。欧州で消費財会社などを経て２００５年にアジアへ。13年にイーティゴをタイで共同創業。インドなど7カ国・地域で事業展開する。

Chapter 2

Reportage 4

出版不況でも返本ゼロ

――成長への解、規模にあらず

米ニューヨーク。チェルシー地区の出版社「ORブックス」の社員はたった3人。デスクの上に本は見当たらず、経営者のジョン・オークス氏（57）は電子書籍を直販する自社のウェブサイトに熱心に見入る。書店で本を売らないため、サイトのデザインが生命線だ。売れ行きが鈍ければ社員の一人であるインドの現地エンジニアに連絡し、文字や画像の見栄えを直す。

コスト4分の1に

製作コストが紙の本の4分の1で済む分、販売データの分析などに注力する。同氏がかつて働いた大手出版社では書店から大量の売れ残りを返本されるのが常だった。電子書籍に返本の概念はなく、販売2000部で収支

独立系出版「ORブックス」の強みはリアルタイムに届く売り上げデータだ（2019年4月29日、NY市内の同社オフィス）

が合う。リスクを抑えられるため扱える商品の幅は広がり、オノ・ヨーコ氏の詩集など本好きに向けた出版を重ねた。売り上げは2018年で約100万ドル（約1億1千万円）。創業10年で6倍に増えた。

インターネットでつながる世界では、販路の拡大と生産コストの低下が同時進行し、少量のモノは個人や小企業でも作れる。出版不況とされるなか、米ではORブックスのような独立系出版の出版点数が過去5年で2・6倍に増え、17年に100万点を突破した。大手が計約20万点で横ばいなのと対照的だ。

ちりが積もるように価値を連ねる経済の姿は、世間に出回る品ぞろえにも映る。東京大の渡辺努教授らの調査によると、日本の小売店の品目数は13年に12万点と四半世紀で倍増

日本の小売店の品目数は四半世紀で2倍に増えた

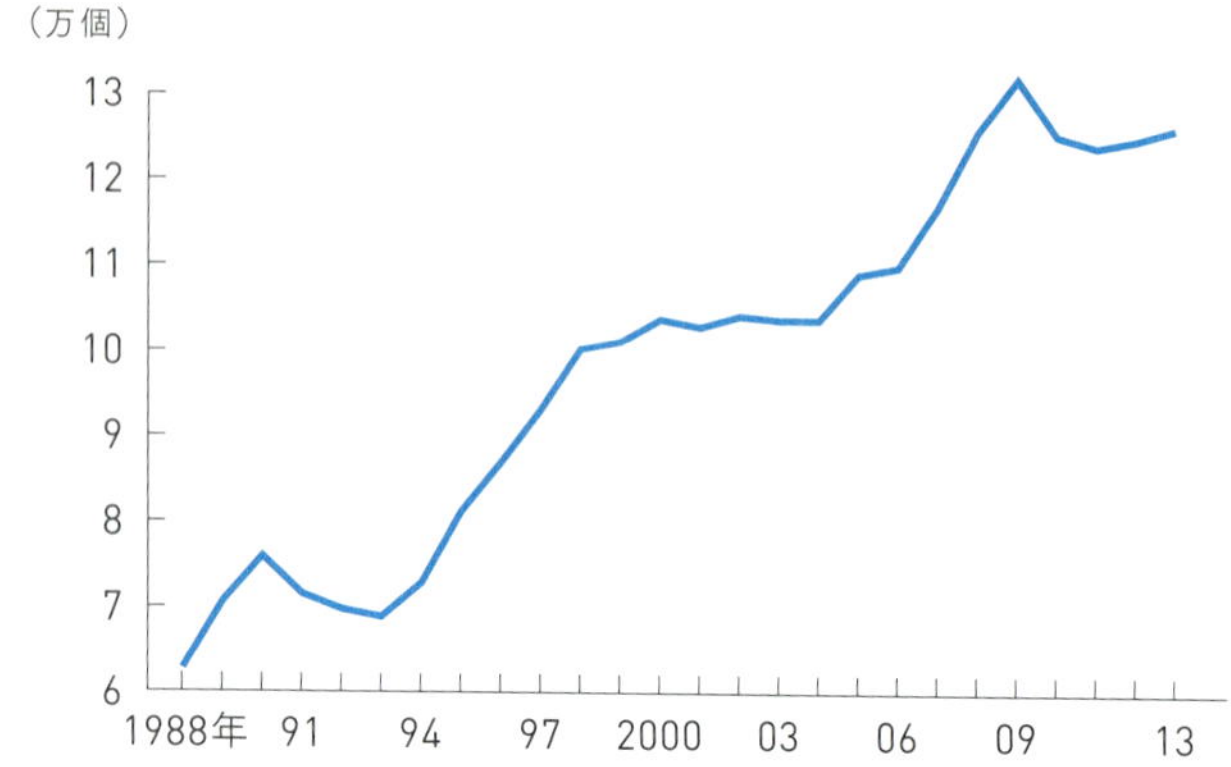

(出所)東大の渡辺努教授らがPOS(販売時点情報管理)データをもとに集計

した。必要とする人が1人でもいれば、そこが市場となる。「情報やアイデアを形にするための知識の密度が死活的に重要だ」とマサチューセッツ工科大のセザー・ヒダルゴ准教授は指摘する。

1人単位の市場

「さんかてきりん」。医師がスマホに打ち込むと「酸化的リン酸化共役因子」など複数の変換候補がすぐに表示される。医療アプリ「医《い》詞《ことば》」は24万用語をカバーする。日本では電子カルテが3割しか普及せず、手書きの表記はばらつきが目立つ。ムダな治療を減らして患者の負担を抑えるには医師間の情報共有が欠かせず、4800円のアプリがこれまでなかった解決策として広がる。

モノが余り、ムダが出ることを前提に大量生産する20世紀型の規模の経済との決別が進む。大企業が市場の最大公約数のニーズを想定し、巨大なブランド力をテコに大量の商品やサービスを売ることが最適解ではなくなった。規模を問わず、無駄や制約を極限まで減らし、細かなニーズから価値を創り出す新たな経済が広がる。そこでは高さはそこそこでも、息の長い成長が続くかもしれない。

最大公約数に代わる最適解を手にするのは大企業や国家とは限らない。人材が人材を引き寄せ、知恵の連鎖が世界経済の構図を塗り替える。「これからの経済は人という単位で動く」。東京大の柳川範之教授はこう予言している。

Chapter 2

Interview Cesar Hidalgo

人のつながり、独創性の源

マサチューセッツ工科大
メディアラボ
セザー・ヒダルゴ准教授

――物理学者として経済成長の本質をどうとらえていますか。

「成長の源泉は物理的な資本や労働ではなく知識となった。知識は情報を成長させる力であり、国家間のモノづくり能力の差を生む。多様なモノづくりがうまい国ほど繁栄しやすい。さらに今、起きていることは知識を得るためのコストの低下だ。知識が簡単に普及する時代の経済成長に重要なのは、独創性と社会的つながりの2つだ」

――なぜですか。

「独創性とは新たな知識を生む力を指す。現代はモノ、生産手段、知識すら希少ではなくなったが、人々の新たな関心を満たすための独創性は得がたい。それを支えるのが社会的つながりだ。どんな人でもチームなしに独創的な知識やモノを生み出すのは難しい」

「現代の企業は大きな工場が要らないが、少数の創造的な人材が生み出すビジョンを実現するためのチームを必要とする。そこではメンバーが自由にモノを言える文化が必須となる。メンバー同士がよそよそしく、失敗を恐れるような環境は独創性を損なう」

――世界では貿易摩擦や移民規制の高まりなど国家間のつながりを損なう動きが起きています。

「移民が経済にポジティブな影響をもたらすことは明らかだ。20世紀のニューヨークのように、経済成長はリスクをいとわない新たな才能によって推進される。米国がなお中国より秀でているのは、外部から労働力や才能を集める力だ」

――知識の広がりは目に見えますか。

「データにより知識の成長度合いが明らかになってきた。私たちは国ごとの輸出財の多様性と特異性から『経済複雑性指標（ＥＣＩ）』を作った。国内総生産（ＧＤＰ）のように生み出したモノの量ではなく、モノを生み出すための能力の指標だ。中東諸国は石油の産出によりＧＤＰは高いが、多様なモノを生み出す能力は低くＥＣＩは低い」

「組織の形も重要だ。日本のように工業品生産が得意な国は階層的な組織を持ちやすい。完璧で良いモノを作るには何重にもチェックできる体制が向いている。しかし優れたソフトウエアを生み出すのは、次々と試作や改良を繰り返す柔軟な組織だ。その意味で米国と中国は似ている。どちらも完璧を目指すより、『まずは動くモノを作り、改良していこう』というシンプルな理念で運営されている」

――米国と中国は独創性や知識の点でどちらが優れていますか。

「いまこの瞬間でいえば、中国かもしれない。10年前の中国にはデータ産業など皆無だったが、いまや米国に比肩しうるデータ企業を有しているのは中国だけだ。そして今のシリコンバレーには、中国のデータ企業が集中する深圳をまねしようという動きもある。米国にとっては、ナンバーワンであることが成長の重しとなるかもしれない。なぜならトップに立った人や組織は学ぶことをやめてしまう危険があるためだ」

Cesar Hidalgo

チリ生まれで、米ノートルダム大で物理学の博士号を取得。ＭＩＴでは組織や国家が知識を獲得する「集合知」のプロセスを研究。

NEO ECONOMY

CHAPTER 3

姿なき富を探る

Reportage 1_1

企業価値の源は8割無形

――重み増す知識、割食う賃金

知識やデータなど姿なき資産が富の源泉となり、経済はモノや距離、時間といった物理的な制約から解き放たれ始めた。どんな豊かさやリスクが広がるのか。

2018年12月、ダイキン工業は東京大学に10年間で100億円の研究開発費を投じると表明した。エアコン工場1棟分に当たる投資の狙いについて、責任者の河原克己氏は「日本最高の知性にアクセスする権利を買った」と言い切る。

モノは要らない

19年度に約700人の技術者らを送り、人工知能（AI）の開発者から哲学の研究者まで交流を重ねる計画。モノの開発だけでなく「目に見えない価値そのものを探り当てなけれ

東京大学のシェアオフィス「FoundX」で、東大職員（右端）を交えて話すダイキン工業の社員ら（東京都文京区）

ば国際競争に勝てない」からだ。

「半導体事業を分離せよ」。米ヘッジファンドのサード・ポイントは19年6月、ソニーに提案した。ソニーの半導体事業は黒字だが、営業利益の7割はゲームや音楽の版権など無形資産が稼ぐ。モノを切り離し、無形資産に投資を集中した方が企業価値は上がる。市場に映るいまの経済の姿だ。

米スタンフォード大のエフラト・カスズニク講師らによると、米S&P500社の時価総額のうち、特許など姿の見えない無形資産が生んだ価値の比率は40年間で17%から84%に膨らんだ。無形を意味する英語「intangible」が学術論文に現れた回数も16年までの10年で4倍に増えた。富の源泉はモノから知識やデータへと移った。

無形資産の存在感が増す一方、
労働分配率は低下傾向だ

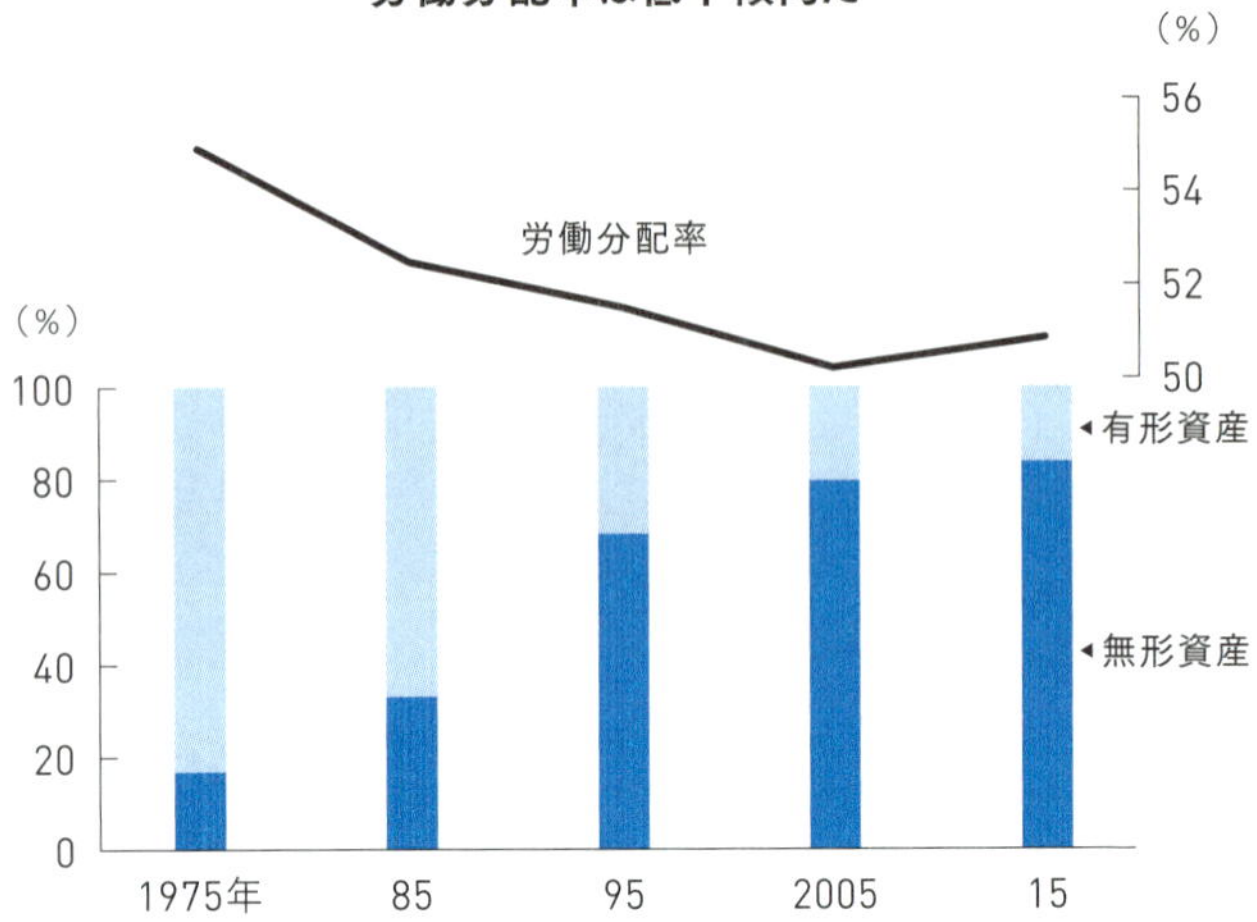

(注)カスズニク氏らが米S＆P500銘柄の時価総額から有形・無形資産の比率を算出、労働分配率はIMFのM.C.ダオ氏らが先進27カ国で推計

価値目減り早く

モノの時代は工場など有形資産への投資が大量の雇用を生んだが、知識など無形資産が主役の経済では、価値を創り出すエンジニアや研究者ら一部の優秀な人材が厚遇されやすい。しかもアイデアがまねされやすいように無形資産は陳腐化しやすく、米アーカンソー大のドンヤ・コー助教らによると、有形資産の価値は1年で4％減るだけだが、無形資産は1年で20％目減りする。価値を保とうとするほど、優秀な頭脳に経営資源が集中する構図だ。

割を食うのは多くの一般的な働き手だ。例えば19年5月に上場した米ウーバーテクノロジーズ。自家用車の持ち主と乗客を即座に結ぶデータやアルゴリズムをテコに成長した半面、運転手を従業員として扱わず、最低賃金などを払う負担を免れてきた。足元では待遇改善を求める動きが広がる。

経済全体でも賃金への分け前が抑えられる断面が浮かぶ。企業が生み出した付加価値のうち労働者に回す割合を示す労働分配率は米国で16年に57％と60年間で9ポイント低下した。従来は生産拠点を低コスト地域に移す国際化が原因などとされたが、最近は無形資産への傾斜が賃金への配分を圧迫しているとの説が目立つ。

オランダの研究者の指摘でも、00年から14年にかけて世界で無形資産に投資が回る割合は3ポイント上昇した半面、賃金分は5ポイント低下した。大量雇用で経済全体の生産性を上げ、その果実を賃金上昇の形で行き渡らせてきた工業化社会。富の源泉がモノから情報や知識へと移り、人々が豊かさを手にする方程式も狂い始めた。

Interview Kazumasa Iwata

無形資産の果実、消費者に

日本経済研究センター
岩田一政理事長

――無形資産の経済への影響をどう捉えていますか。

「現代の経済成長の源泉となっている。知識や科学的発見が代表するように、無形資産は他の国や産業に波及しやすい性質があるためだ。数十年単位でみて経済社会の構造そのものを変える可能性もある。人工知能（ＡＩ）が急速に発展すれば、無形資産がもたらす影響は産業革命を上回るものになるだろう」

――モノの資産との違いは何ですか。

「価値の測り方が難しい点だろう。市場で取引されるソフトウエアなどは金額で表せられるが、企業が個人情報の利用から得られた価値は正確に測れない。無形資産はスマートフォンのアプリのように一瞬で数万人の利用者を得られる。しかし大企業が一気に市場を押さえてしまえば新規参入が滞り、経済全体の生産性が停滞する恐れもある」

――賃上げを抑えているとの見方もあります。

「無形資産がもたらす利潤は今のところ株主に集中している。インターネット企業の労働分配率は伝統的な産業に比べて極端に低い。ネット企業のシェアがさらに高まれば労働分配率はますます下がる。社会の不満は今まで以上に高まり、持続可能ではない」

――どのような処方箋がありますか。

「20カ国・地域（G20）が掲げる人間中心のデジタル社会という理念は重要だ。技術進歩はより良い社会を建設するために使わないといけない。無形資産から得られた収益に課税する議論も進みつつあるが、大切なのは分け前が消費者に渡ることだ。米カリフォルニア州知事は巨大ＩＴ企業がデータ提供者である個人の貢献を正当に評価して配当を支払うべきだと主張している。これは本質的な指摘と受け止めている」

――日本の無形資産の特徴は何ですか。

「無形資産には企業の人的資産や経営者の能力も含まれるが、日本はそこが弱い。経営者の革新力の不足や組織の風通しの悪さに起因している。生え抜きの人材だけでは技術革新に対応できない。働く人の流動性を高めた上で無形資産の最大の柱である人的投資を増やさないといけない」

Kazumasa Iwata

１９７０年東大卒後、旧経済企画庁へ。東大教授や日銀副総裁などを経て２０１０年から現職。総務省のＡＩ（人工知能）経済検討会の座長も務める。

Chapter 3

Reportage 1_2

無形資産投資、米欧はGDP比10％超も

――日本、人材投資で遅れ

データや知的財産などの無形資産は先進国を中心に経済での比重が高まってきた。米国やスウェーデンなどの欧州諸国はすでに国内総生産（GDP）比で10％を超え、機械や設備など物的資本への投資額を上回る。日本も研究開発（R&D）などを積み増してきたが、組織に蓄えられたノウハウで見劣りしている。

無形資産は経済の生産性を高めるうえで労働、物的資本に続く第3の要素と位置づけられている。IT（情報技術）がけん引する米国経済は2017年に無形資産への投資額がGDP比で12％を占めた。1990年代後半に物的資本の比率を上回った。日本の無形資産投資のGDP比は10％に満たない。バブル崩壊後の景気低迷で出遅れ、モノ優位の経済が続く。

無形資産はデータやソフトウエアといった「情報化資産」、R&Dや知的財産など「革新的資産」、人材や組織の質といった「経済競争力」の大きく3つに分けられる。内訳は国により異なる。米国は情報、革新、競争力の割合がおよそ2対4対4、日本は2対6対2だ。競争力の比重が大きい欧米は「企業などの組織が蓄積してきたスキルが無形資産の中核となっている」(プリンストン大の清滝信宏教授)

日本で競争力の比重が小さいのは測定のために経営者報酬を含めるのが一因だが「企業が90年代以降に人材育成や教育訓練のコストを削ったことも影響している」(日本経済研究センター)

企業単位でみても人材や組織の力は成長を左右する。19年6月末、米国の株価が上昇を続けていた中で、代表格のアップルに事件が起きた。「iPhone」などを手がけたデザイナーのジョニー・アイブ氏の退社が伝わると、株価は約1%下落。時価総額から計算するとアイブ氏は1兆円の価値があったことになる。

人材や組織の力は現在の企業会計では測りにくい。英調査会社のブランド・ファイナンスは世界企業の時価総額の52%を無形資産がつくり出していると推計する。このうちソフトウエアやR&Dなど財務諸表に計上している無形資産は2割程度にすぎない。統計や会計で無形資産をとらえようとする研究は盛んだが、一橋大学の加賀谷哲之准教授は「無形資産が経済にどんなインパクトを与えているかという研究はまだ発展途上」と話す。

日本は人材や組織の占める割合が低い

（無形資産投資の民間部門GDP比＝2012年）

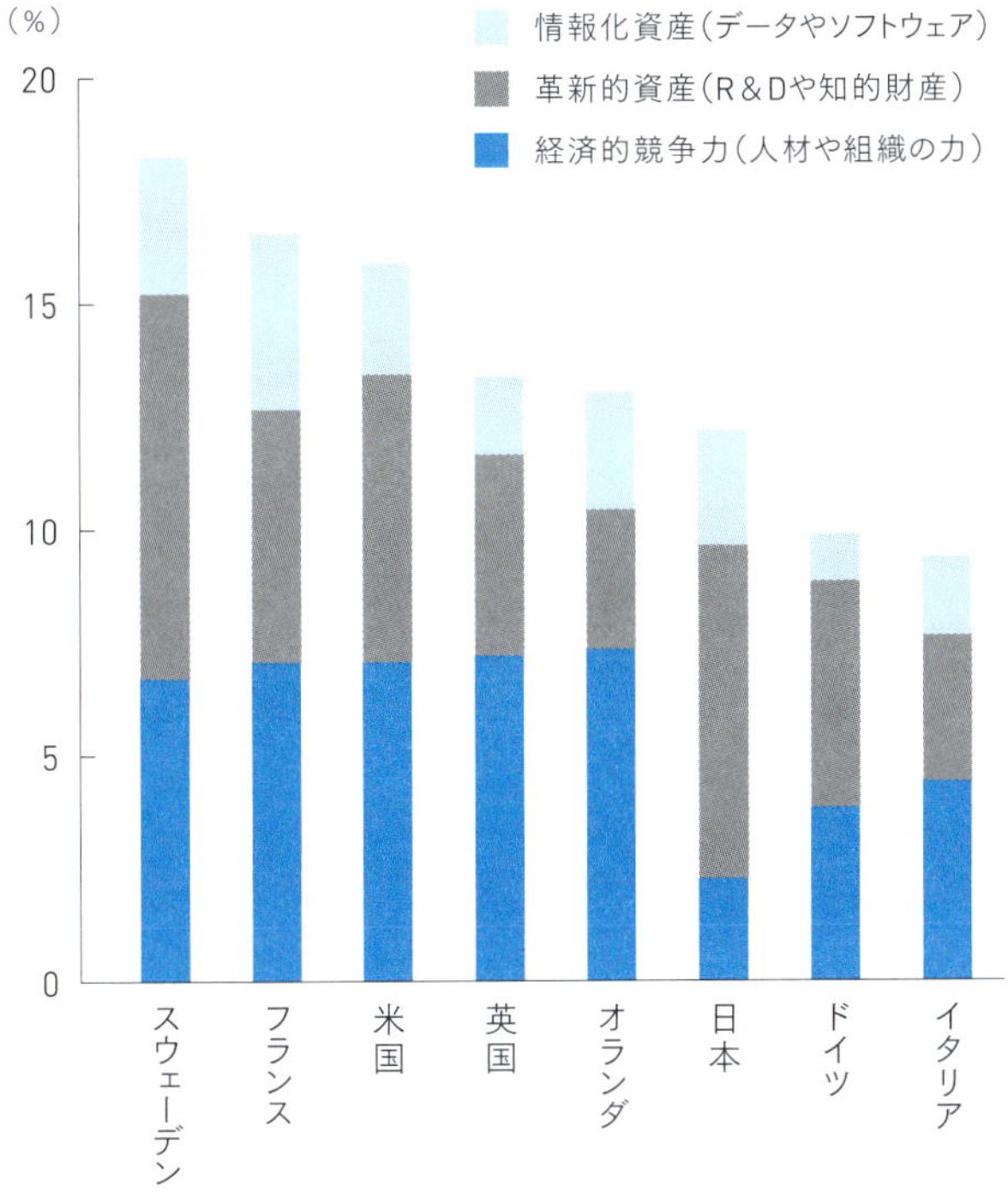

Chapter 3

Reportage 2

売上高の7割、5社で稼ぐ

――勝者総取り、知恵も資金も

自らの知識やアイデアを極め、ヒトのように動くロボットをつくりたい――。そんな夢を追う元東大助教の中西雄飛氏が当時の米グーグルの上級副社長、アンディ・ルービン氏から「20年かけてでも大きな夢を実現しよう」と誘われたのは2013年。仲間と立ち上げた二足歩行ロボットの開発ベンチャー「シャフト」を売却するきっかけだった。ところがルービン氏が退社すると、グーグルは短期の収益が期待できないとして18年にシャフトを解散。5年で見切りを付けた。

雪だるま式寡占

まだ形になっていない技術革新の芽を次々と買うグーグルなど「GAFA」。21世紀のデジタル企業は20世紀型のものづくり企業と異

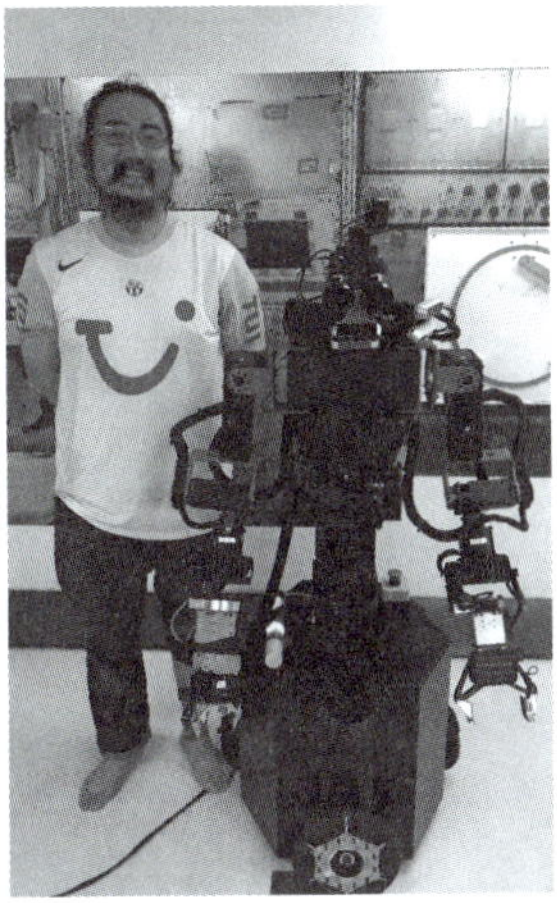

グーグルのロボット部門解散後、中西雄飛さんは宇宙ロボット開発のスタートアップ「GITAI」でロボット作りを続ける（19年8月、都内）

なり、巨額の設備投資や増産コストが不要な身軽な巨人だ。生み出す価値は検索サービスのように利用者が多いほど情報がたまり、精度や利便性が高まる特性がある。データなど無形資産を富の源泉とする経済ではシェアを押さえた勝者が果実を総取りする力学が働き、寡占が進む。

QUICK・ファクトセットで世界のインターネット企業309社の売上高を調べると、フェイスブックや騰訊控股（テンセント）など上位5社のシェアは18年度に73％と08年度の55％から大きく拡大した。モノの代表格、自動車業界の上位5社のシェアが同期間に47％から42％とほぼ横ばいだったのとは対照的だ。

「勝者と敗者が鮮明になっている背景に無形

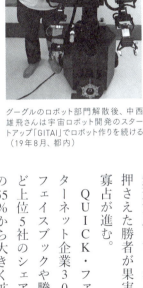

**インターネット企業の市場占有率は
高まっている**

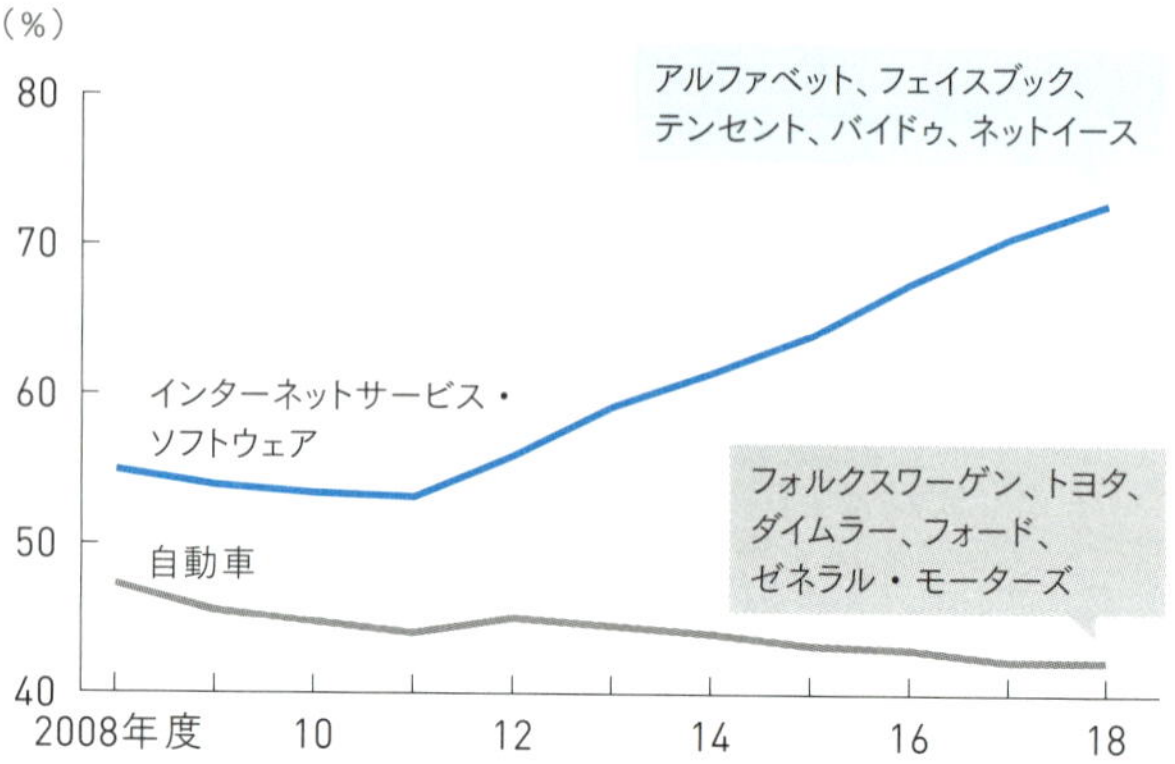

(出所)QUICK・ファクトセットから継続比較ができる世界のネット企業309社と自動車98社を抽出し、上位5社の売上高の市場占有率を調べた

資産の台頭がある」。英インペリアル・カレッジのジョナサン・ハスケル教授は指摘する。経済協力開発機構(OECD)の分析でも地域ごとの売上高上位8社の00年から14年の伸び率は北米で8％、欧州で4％、それぞれ平均的な企業を上回り、勝者優位が浮き彫りだ。

金利を下押し

知識や人材をかき集めるデジタル企業は未上場企業などへの出資は多い半面、工場など巨額の設備投資とは縁遠く、手元に資金が積み上がる。世界の企業の手元資金は18年度に7・9兆ドル(約850兆円)と過去5年で16％増えた。1980年代に10％未満だった国内総生産（ＧＤＰ）に占める企業貯蓄の比率も２０１０年代に15％近くに高まった。稼いだ資金を新たな知識へ投じ、株主に還元してもなお有り余る格好だ。

手元に資金があふれかえった結果、その副作用として広がるのは運用リスクが相対的に低い債券にとりあえず投資する動きだ。例えば、アップルの19年6月末時点の米国債や社債などの保有額は約１９００億ドルと、10年前の7倍だ。債券需要をよけいに高めることにつながり、「企業の貯蓄余剰が金利の低下に寄与してきた」（米運用会社ピムコのヨアヒム・フェルズ氏）

マイナス金利で取引される世界の債券は計17兆ドルと世界全体の2割程度に当たる。先進国では生産や投資が鈍り、景気の回復局面でも低金利・低インフレの「低温経済」が続く。富の源が有形から無形へと移り、経済の成長そのものが金利や価格という従来の物差しではとらえきれない軌道を描くようになってきた。

Interview Nobuhiro Kiyotaki

新規参入の確保策を

プリンストン大　清滝信宏教授

——無形資産の何に注目していますか。

「企業などの組織が蓄積してきたスキルだ。組織に固有の人的資本ともよばれ、無形資産の中核と考えられる。米アルファベットなどのＩＴ（情報技術）企業からトップの大学に至るまで、最も大切な資産は建物や機械ではなく人の集まりだ。人々が刺激し合うなかで新しい技術やアイデアを生み出し、スキルを高めていく過程に注目している」

――どうすればスキルは高められますか。

「革新的な組織には自由闊達に議論できる伝統がある。新たな人材を受け入れながら、その伝統を継続するのが重要だ。企業でいえば新規採用を続けることがポイントとなる。いったん採用を絞って企業内のスキルの蓄積を中断すると、影響は長く続く。例えば多くの日本企業が1990年代後半に採用を大幅に減らしたことは、現在に至るまで成長の足かせになっていると考えている」

――経済成長にはどのように影響するでしょうか。

「人的投資を削ると長期の経済成長も抑えられてしまう。企業単位では新たな人材や既存の職員への投資と訓練を継続していくことが大切だ。成長を確保するための政策では、若年層への教育を充実させることが不可欠だ」

――特定企業に利益が集中する寡占の問題をどう見ていますか。

「デジタル経済の世界では新規参入企業でも短期間に独占的な利益を得やすい。特定の企業が強い支配力を得やすい構造となっており、寡占や独占につながっている面はある」

「IT大手が新たに台頭してきたスタートアップ企業の買収を繰り返すことで、経済の新陳代謝が低下している側面もある。健全な競争を確保するためにも、新しい企業の参入を妨げない政策措置が必要だろう」

――金融の役割をどう見ますか。

「無形資産への投資は担保になりにくく高リスクなので、従来型の銀行貸し出しには向いていない。成長を確保するには、成功の報酬と失敗の損失を企業と金融機関で分かち合うような金融システムに変わる必要がある。日本では事業会社も金融機関も、金融資産の一部を無形資産への投資や出資に振り向ける判断も必要になる。そのために投資の目利きができる人材を育てなければならない」

Nobuhiro Kiyotaki

金融理論とマクロ経済学が専門で、日本人初のノーベル経済学賞の候補と目される。近年は無形資産と経済成長をめぐる論文も発表している。

Chapter 3

Reportage 3

沈黙するリスク650兆円

——知つなぐ価値、喪失も一瞬

データや知的財産といった無形資産が富を生む経済では、姿をとらえきれない新たなリスクも広がる。

「サイレント・サイバーリスクにどう対応するか」。世界の保険会社の悩みだ。例えば自動車事故の原因が運転手ではなくシステムへの侵入なら、どんな損害が広がり、誰が責任を負うべきか。単なるモノの損害と異なり、デジタル空間にはこれまで想定する必要のなかった「沈黙」するリスクが潜み、現実の脅威として広がる。英ロイズは2020年1月以降、こうしたサイバーリスクを各種保険から切り離すと決め、国内保険大手も対応した。

悪者にも便利

リスクの根深さを示した事例がある。15年

サイバー攻撃への対応は日本企業にとっても急務（SOMPOホールディングス傘下のSOMPOリスクマネジメントが可視化した同社へのサイバー攻撃。点灯している点が攻撃拠点）

の米セキュリティー専門家によるハッキング実験だ。走行中の車のハンドルやブレーキ、ラジオの音量まで操作してみせ、メーカーはリコールに追い込まれた。あらゆるモノや情報がネットでつながる経済では価値も一瞬で消える恐れがある。

　利便を突き詰めた経済は悪意ある人や組織にとっても効率的だ。データなど無形資産が富を生む経済では増産コストを極限まで下げて価値を膨らませる「収穫逓増」が現実に近づく。同時に「無形資産は土地など有形資産と違ってコピーして共有できるため、リスクも大きくなりやすい」（東大の元橋一之教授）。

　米調査会社サイバーセキュリティ・ベンチャーズは情報流出の補償や対策費などのコストが21年までに年6兆ドル（約650兆円）と、約

米中の攻防はサイバー空間でも激化（米司法当局が起訴した中国人ハッカーの手配書）

6年間で倍増すると予測。日本の名目国内総生産（GDP）が消し飛ぶ計算で「史上最大規模の富の移転が始まる」（同社）。

米中対立も影

世界を揺らす米中対立もモノやサービスの貿易摩擦ではなく、データや知財など新たな富の源泉をめぐる覇権争いに本質がある。米国は中国が国家ぐるみで知的財産を盗んでいると主張。米保守系シンクタンク、民主主義防衛財団（FDD）は知財の「国際盗難」の5〜8割は中国に責任があるとみて、米経済は中国に年3000億ドルのコストを払わされていると断じる。

米国にとって知財は国際収支で黒字を稼げる分野の一つだ。中国が特許などの使用料の支払

サイバー攻撃の損失は
日本のGDP並みとなる恐れも

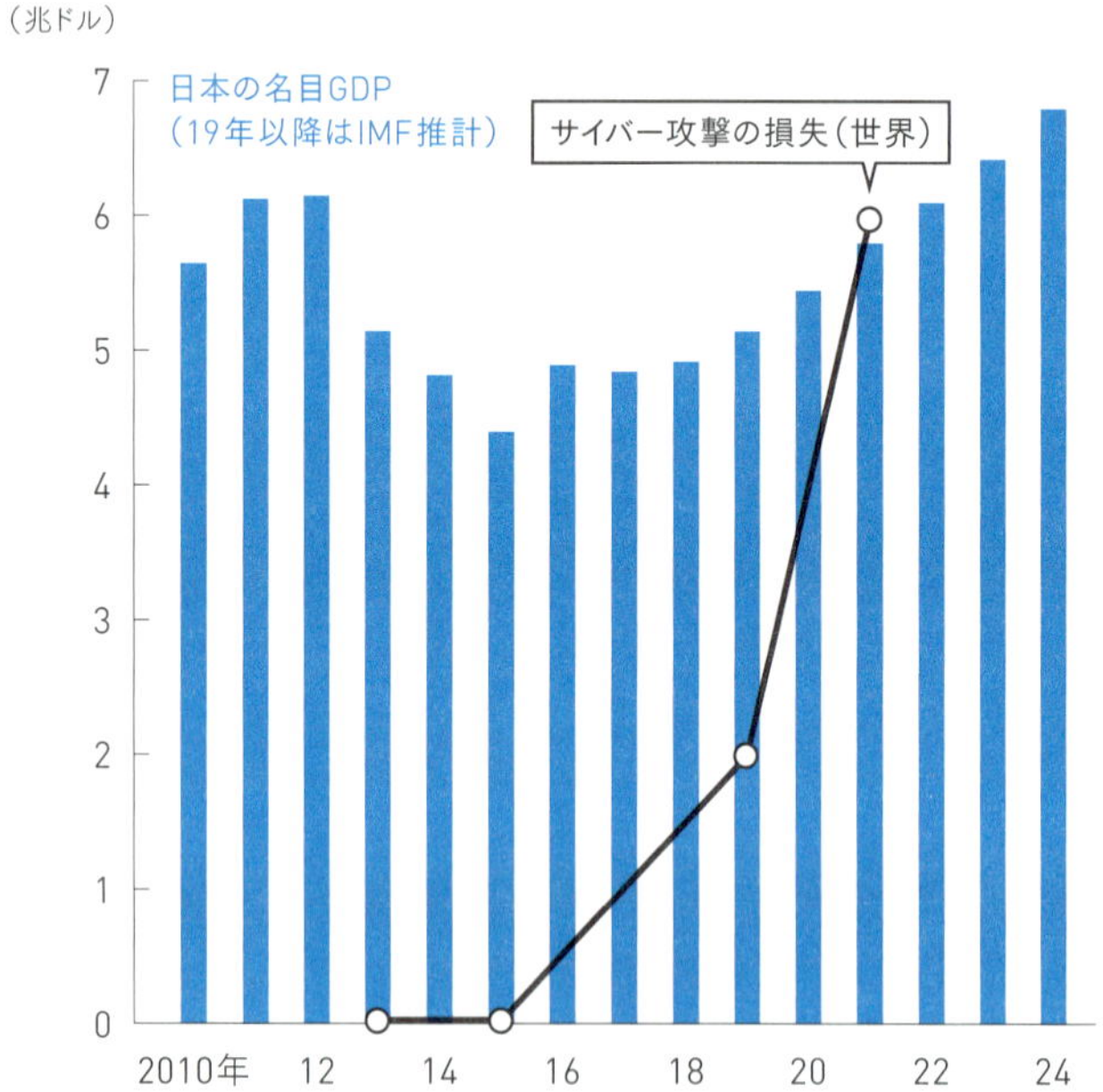

(注)サイバー攻撃の損失は2013年、15年は英ロイズ、19年は英ジュニパー・リサーチ、21年は米サイバーセキュリティ・ベンチャーズによる推計

い超過で年３００億ドルの赤字を抱える一方、米国は７００億ドルの黒字。米国は超大国としての自国の優位が知財の盗難で一気に覆りかねないと警戒している。対立が激化し、新たなリスクに備える国際協調はなかなか進まない。

「なぜ危機が起きると誰も分からなかったのですか」。金融危機直後の08年11月、英エリザベス女王は高名な経済学者たちに質問した。サブプライムローンの急増など問題は認識されていたのに、結局はそのリスクを見過ごした。英国学士院は公開書簡で女王に率直に答えた。「金融機関が判断を間違えることやリスクの把握能力がないことを誰も信じたくなかった」

たとえ想定していても、人は見たくない現実から目をそらしがちだ。データがあふれ、人工知能（ＡＩ）が進歩する世界。人が最後にどう判断するか。その難しさは一段と増している。

Interview Manda Tay

無形資産の保護策、急務

シンガポール知的財産事務局
マンダ・テイ氏

――特許権やソフトウエア、ブランド価値といった無形資産の重要性が高まっています。

「（米国の代表的な株価指数である）Ｓ＆Ｐ５００の構成企業の市場価値の変遷を見れば明らかだ。１９７５年には構成企業の市場価値のうち無形資産の占める割合は17％にとどまり、残りの83％は機械や不動産といった有形資産が占めていた。無形資産の割合はその後上昇を続け、１９９５年には68％に、２０１５年には87％まで高まった」

「今はデータや知識が世界の技術革新や経済成長の源泉になっており、無形資産の比重が増しているのは欧州やアジアの企業も同じだ。深圳証券取引所の株価指数を構成する100社のうち、企業価値に占める無形資産の割合が8割以上の企業は40%超に上る」

――今の企業決算や情報開示の仕組みは無形資産の価値を適切に計測できているのでしょうか。

「米グーグルの持ち株会社、アルファベットの無形資産の価値を米評価会社が試算したところ、開示されている評価額の30倍以上という結果になった。今の財務報告書は物理的な資産の計上が中心のアナログ時代の産物だ。今や企業の競争優位は無形資産によって決まる。デジタル時代に適した仕組みに変える必要がある」

「企業価値を正確に反映できる制度の導入に向けて、シンガポール政府は各国の関係機関と連携している。すぐに制度を全面的に変えるのは難しいが、例えば企業がどのような無形資産を保有し、企業価値にどう貢献しているかを注記欄に詳述するといった解決策が考えられる」

――企業はどう対応していくべきでしょうか。

「企業の戦略に即した無形資産のポートフォリオを構築し、それらを適切に保護する必要がある。保険コンサルティング会社エーオンの調査では、企業は有形資産の60%に保険をかけているのに、無形資産に保険をかけている割合はわずか16%だった。サイバー攻撃や知的財産の侵害によって被る損失が有形資産の損傷による損失を上回る場合が多いにもかかわらず、企業は無形資産の保護に対する関心が低い」

――シンガポール政府は企業をどう支援していきますか。

「2019年8月末に知的財産事務局の傘下に、企業の無形資産に関する戦略を支援する専門組織を立ち上げた。100人を超える専門家が中小企業の持つ知的財産を分析・評価し、どう生かすかを助言する。上場を検討する企業は分析結果を使って、正確な企業価値を投資家に訴えることができる。大企業向けには海外の潜在的な競争相手や提携候補を特定するサービスを提供する。企業の持つ無形資産を分析して、どの分野に新規進出するのが有望かも助言する」

「これらのサービスは国内企業だけでなく、海外の企業も利用できる。シンガポールは知的財産に関してアジアの中核拠点になることを目指している。知的財産を適切に保護し、紛争解決の拠点になるだけでなく、世界の企業が知的財産を売買したり、担保として資金調達したりできる中核拠点になりたい」

Manda Tay

民間の知的財産コンサルティング会社、シンガポール法務省を経て、2016年から知的財産事務局戦略企画部門の副ディレクターを務める。

Reportage 4_1

「マッチング」1万人救う
――お金で測れぬ幸福＝価値

これまでの経済ではお金という物差しで豊かさや幸福を測り、その大きさをとらえてきた。データなど形のない資産からデジタル技術を使って価値を生み出す新たな経済では、効率的な市場が値段のつかない豊かさをもたらしている。

米ミシガン州のデブラ・カーペンターさん（65）も、お金では測れない幸せを手にした1人だ。2019年7月18日に見ず知らずの女性の腎臓を生体移植し、命が救われた。約2年間、適合する腎臓がみつからず人工透析を受けていたが、「腎臓交換」に6月末に登録すると3週間足らずで手術できた。

経済学で移植実現

「腎臓交換」は腎臓がほしい人と、適合する

「腎臓交換」の仕組みで移植手続を実現した数週間後、米シアトル病院で顔合わせした人々。

腎臓を提供できる人を引き合わせる「市場」といえる仕組みだが、お金は介さない。臓器を売買すれば違法のうえ、倫理的な反発も招く。経済学の「マッチング理論」に基づく価格のない市場であるため、デブラさんの幸せも値段はつかない。

12年にノーベル経済学賞を受賞した米スタンフォード大のアルビン・ロス教授らが考案した。通常は適合する家族がいなければ移植は難しく、亡くなった人からドナーが見つかるには何年もかかる。「腎臓交換」では不適合の患者とドナーをペアにした膨大なデータから適合する相手を見つけ、腎臓を交換する。デブラさんの夫（67）は妻とは不適合だったが、この仕組みで欧州に住む男性に腎臓を提供する予定だ。

米国では「マッチング理論」を通じて腎臓移植が増加

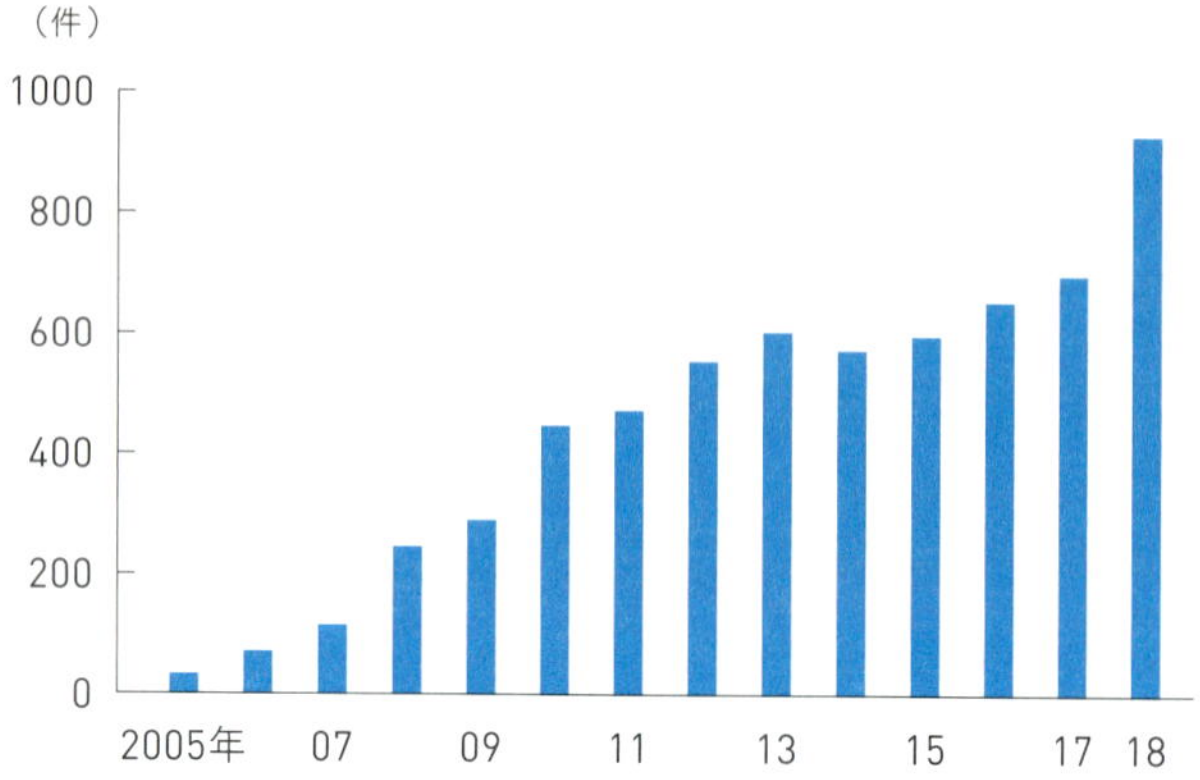

ミスマッチなどが原因の失業率は各国で低下傾向

（景気要因を除いた失業率、OECD推計）

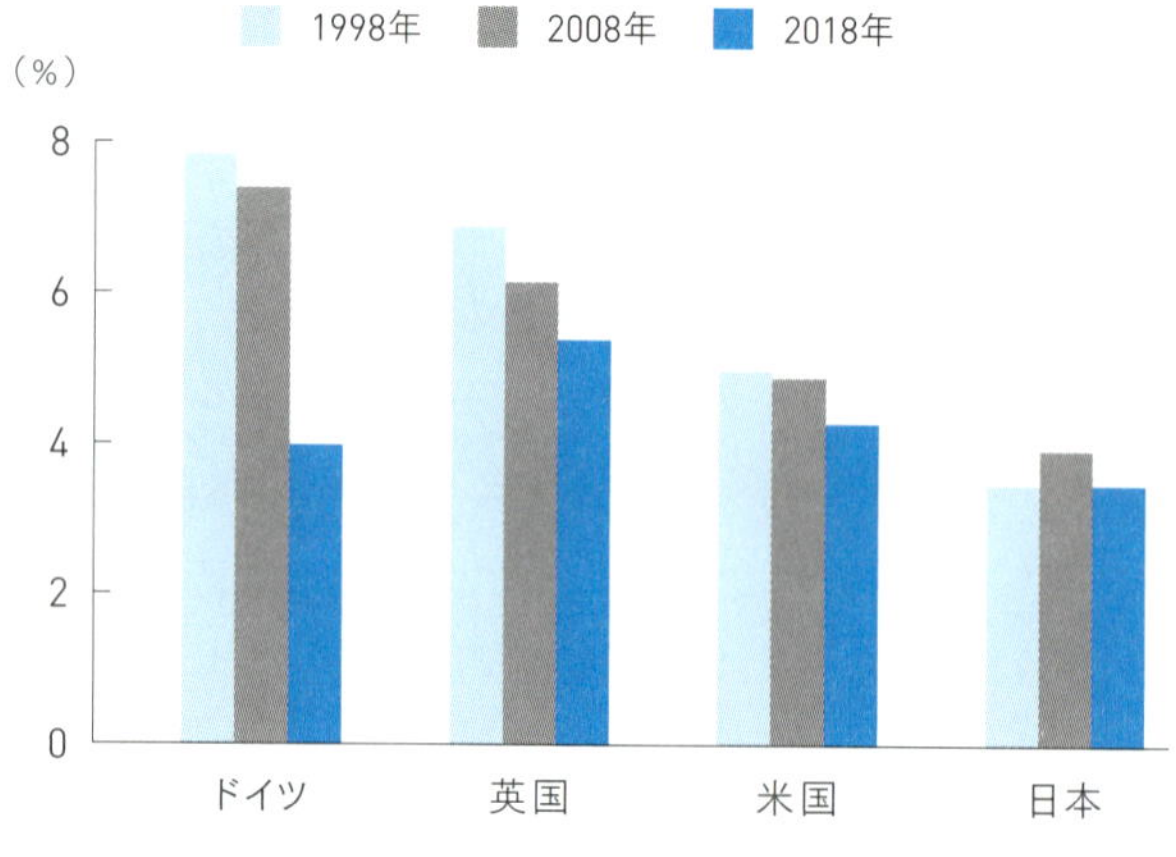

活気ある低成長

高等数学とプログラミングを駆使して隠れた需要と供給を掘り起こし、一致させる。ロス氏によると、このお金を介さない市場を通じて米国で計8000〜9000人、世界では1万人ほどの移植を実現した。値段のない幸せは経済統計でうまく測れず、臓器移植が成功し人工透析にかかる医療費が減るなら、むしろ国内総生産（GDP）は縮む。「幸福を貨幣価値で換算するのには限界がある」（青山学院大の亀坂安紀子教授）

例えば車や部屋などを自ら所有せず、個人で融通し合うシェア経済。モノの生産が抑えられてGDPの低下要因となる半面、好きなときに好きなだけ使えるという、お金では測れない幸福度は増すだろう。

人と仕事とが出会う労働市場でも新たな効率化が進む。バンコクに住む甲斐田礼華さん（32）は5歳の娘を幼稚園に送った後、自宅でノートパソコンを開き、編集やマーケティングなど日本から請け負った仕事をこなす。もともと都内で働いていたが、夫の海外赴任で日本を離れた。仕事を続けたいと思い出会ったのがランサーズ（東京・渋谷）のクラウドソーシング。ウェブを通じ、自分のスキルや実績と仕事とがマッチングされる。「このサービスがなかったら海外で仕事を続けるのは難しかった」

膨大なデータを直接読み取り、ほしいモノやサービス、仕事などを無駄なく、効率的に見つけられる経済。デジタル技術が労働市場を効率化し、25年に世界の雇用が7200万人増えるとの推計もある。経済協力開発機構（OECD）の試算でも、需給のすれ違いなどが原因の失業率は主要国で低下している。

効率を極限まで高めて摩擦をなくすとムダな生産や投資が減る分、見かけの成長は鈍るだろう。機械化を進めた産業革命以来、世界は有り余るモノをつくって成長をかさ上げし、豊かさを追い求めてきた。低成長でも活気ある経済。そんな未来を描けないか。新しい発想で豊かさや幸せをとらえ直すときを迎えている。

Chapter 3

Reportage 4_2

広がるプライスレス市場

――経済理論で移植ドナー探し 実践の現場から

米国では経済学の新理論が多くの腎臓移植を可能にしている。ノーベル経済学賞を受賞したアルビン・ロス教授は自らがゲーム理論を基に発展させた「マッチング理論」を応用して腎疾患のある患者と適合するドナーを結びつけ、これまで計約1万件の移植を実現させた。プライスレスな世界で応用される経済学は多くの命を救う可能性を秘めている。

「適合する腎臓が見つかりました」。2019年1月、ダグラス・クライストさん（53）はシアトルの病院からの1本の電話に胸が高鳴った。腎臓交換の制度に登録してから1年弱。移植ができずに人工透析となることを覚悟していたところ、見ず知らずの男性からの移植が決まった。

腎臓交換は患者と適合しないドナーがペア

となり、別のペアとドナーを交換する仕組みだ。ダグラスさんのペアは友人のウェンディー・ジョンソンさん。ダグラスさんとは適合しないウェンディーさんの腎臓を別の患者に移植することで、ダグラスさんに他のドナーから適合する腎臓を移植する。

ダグラスさんと適合したドナーは航海士のスティーブ・タッカーさん。ロス教授が腎臓交換について話したラジオを聞いて「自分も人のために役立ちたい」と考えた。身近に腎臓を必要とする患者がいなかったが、赤の他人のドナーとなるべく腎臓交換に登録した。

これに救われたのがアラスカ先住民のデビー・ナヤキックさんだ。デビーさんの家族は移植に堪えうる健康な腎臓を持っていなかった。死体臓器移植のための待機リストの順番が回ってくる頃だったが、ドナーの死亡直後に米国の最北端から駆けつけるのは困難だった。デビーさんはスティーブさんの「善意の腎臓」のおかげで腎臓交換の連鎖のネットワークに入り、適合するウェンディーさんの腎臓の移植を受けることができた。

4人を結びつけたのが、ロス教授が発展させた「マーケットデザイン」だ。マーケットデザインはゲーム理論など学術的な知見を生かして、現実の市場や制度を設計する新しい経済学の分野。ロス教授は、価格がないマーケットの需給を合致させるマッチング理論を研究しており、腎臓交換のマーケットを設計した。

腎臓交換による移植は米国だけで年900件を超え、この8年間で倍増した。ダグラスさんたちは4人だが、1回の交換の連鎖が数十人規模に膨らむこともある。国境を越えた連鎖もある。

従来、腎臓移植は適合する腎臓を持つ家族や知人からの生体移植か、ドナー登録している人が亡くなった後に死体臓器移植を受けるいずれかの選択肢しかなかった。死体臓器移植の待機リストは長く、適合する腎臓が見つかるまで4〜5年かかるとされる。

ドナー交換による生体移植は1990年代に韓国で始まった。当時は2組のペアによる交換だった。ドナーの気が変わって、片方の移植が不履行とならないように2組の手術は同時に行われた。

マッチング理論は2組以上のペアの連鎖を可能にした。単独ドナーも組み込めるため、移植の不履行で連鎖が途絶えるリスクも低減され、時間や場所の制約となる「同時手術」である必要がなくなった。

「自分は無縁だと思っていた経済学に命を救われた」。移植手術から半年がたち、ダグラスさんは地域の清掃活動などで体を動かせることに喜びを感じる。デビーさんはアラスカに戻り、好物の鯨の生肉「ムクトゥク」が食べられるまでに回復した。

「ようやく経済学が人の役に立てる時代が来た」。ロス教授は「価格や国内総生産（GDP）で測れない幸せをつくる」ことを目指し、中国やインドで腎臓交換のマーケットデザインに奔走している。

Chapter 3

Interview Alvin Roth

マッチング、難民にも解

スタンフォード大 アルビン・ロス教授

――経済学の新分野であるマッチング理論は社会でどう応用されていますか。

「身近な例だと、米国の学校選択制度や恋人を探すためのデートアプリだ。いずれもお金を介さないマーケットだ。多くの人は良い学校に入学する権利をお金で買うという考え方を好まないし、恋人にも価格はない」

「腎臓移植のドナーと患者をマッチングする『腎臓交換』という新しいマーケットもできた。不適合ドナーがいる腎不全患者同士が、ドナーを交換し合う仕組みだ。臓器売買は世界中で禁止されているため、ここにも価格はない。これまで腎臓交換で実現した移植は世界で1万件に上る。長寿や健康といった国内総生産（GDP）では測れない価値を生み出した」

「最近では難民と受け入れ国をマッチングする研究が欧米で始まっている。移民の好みやスキルと、受け入れ国のニーズや受け入れ能力をマッチングする。世界各地で干ばつや海面上昇が観測されており、近い将来、大量移民時代が訪れるだろう。マッチングはその解の一つとなり得る」

――こういう金銭の発生しないマーケットは昔からあります。

「学校選択制など価格がないマッチングマーケットはとても古くから存在してきた。だが、マッチング理論と技術の進展でマッチングするための労力が減り、効率化された。一方で、腎臓交換はマッチング理論をきっかけにできた全く新しい市場だ」

――価格のないマーケットが整備されることによるマクロ経済への効果は。

「腎臓交換で移植が実現した人は、健康な生活を再び送れるようになる。人工透析は生活を制限させるし、死ぬ危険性もある。さらには国のヘルスケアシステムのコストも減らす。移植1件には数百万ドルの価値がある。それを数千人の人がやっているということは数十億ドルの価値があるということだ」
「ジョブマッチングの確度が上がったことが、現代の米国の失業率低下につながっているのは間違いないだろう。SNSを使ったジョブマッチングでは、求職者は自分の価値や能力を発信できる。未来の雇用者はその『宣伝』情報を集められる。情報交換が大変だったかつての求人活動からすれば革命的だ」

――健康な生活を送れるという「幸せ」の増加は、必ずしもGDPには反映されません。

「GDPはとても狭い計測方法で、いろいろな要素が落ちている。健康的な生活を送れるということは部分的にGDPにも反映される。腎臓移植を受けて仕事に復帰して税金を払えば、GDPに貢献できるからだ。ただ、健康的に生きることの方が病気のまま生きることよりどれだけ快適かということは反映しない。それは大事な視点で今後考える必要がある」
「GDPとは異なるが、社会福祉の計測方法に長寿がある。数百年前の米国人の寿命は40年だったが、いまは80年と拡大している。このように経済を理解するためには色々な物差しが必要だ」

――経済学と実社会の距離が縮まっています。

「従来、経済学者は経済を傍観して分析する存在だった。今は経済学を使って実社会の課題解決にわずかながら貢献できるようになった。私もノーベル賞を受賞してからは腎臓交換の伝道師となり、中国やインドのマッチングマーケットづくりに貢献している」

――腎臓交換は今後アジアでも広がりますか。

「拡大はしているが、まだ少ない。日本では適合しない腎臓も複雑な処置をして移植するケースが多い。だが、コストは高いし、腎臓の機能を低下させる。なので、腎臓交換があまり日本でまだ広がっていないのは少し驚きだ。日本は亡くなった人からの臓器提供が少なく、生体移植がほとんどだ。適合させるための処置をしないで適合する腎臓を見つけられる腎臓交換システムは日本の腎臓移植にも大きく貢献できると考えている」

Alvin Roth
マッチング理論の大家として知られる。2012年に理論の進展と制度づくりへの応用が評価されノーベル経済学賞を共同受賞。

Chapter 4

Interview Fuhito Kojima

アルゴリズムと社会の共存を

スタンフォード大 小島武仁教授

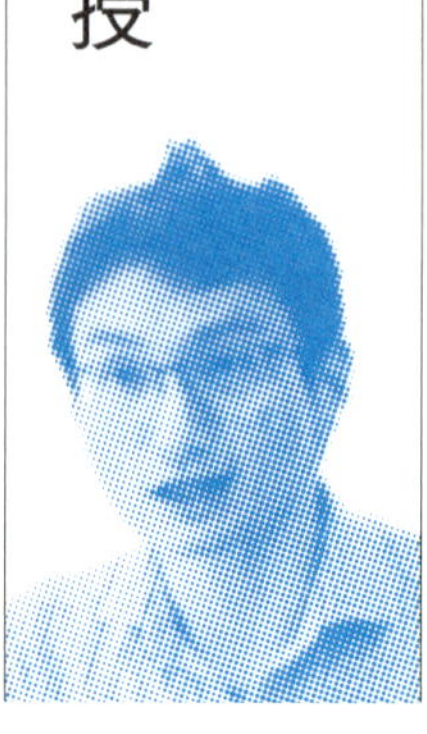

——浮世離れしていると過去にみられていた経済学の理論は社会に大きな影響を与えつつあります。

「近年はコンピューターの発展によって整然とした情報をネット上でリアルタイムに集められるようになった。大量に情報を集めて望ましい解決法を探るのは経済学が得意としているところだ。学校選択制度のミスマッチ解消に加え、保育園や企業の人手不足に対応した働き手のマッチングにもミクロ経済学の応用範囲が広がっている」

——実例として有名なのは何でしょうか。

「米国における研修医のマッチングだ。研修医の配属希望と病院の受け入れ希望とをつきあわせ、アルゴリズムによって決める制度が1950年頃から使われるようになったが、20世紀半ばから女性の労働参加率が高まると問題が起きた。研修医同士が結婚し、共働きの2人が仕事を探す例が増えたが、以前のアルゴリズムでは2人が東西でかけ離れた場所に配属される可能性があった。それでも、研究者と実務家が協力してより良いアルゴリズムを開発するなどで、こうした問題も解消できるようになるなど、かつては想定していなかった事態への対応も進んでいる」

——課題は何ですか。

「マッチングをどうやって経済的な制度に落とし込むかは発展途上だ。デートサイトやアプリだと男性がやたらメッセージを送っても、女性はスパムだと思って返事をしない。情報収集やメッセージの送信が簡単になったからこそ行き違いが起きている。雇用でもマッチング確率を上げるためには、雇用主の個別の働き手に対する採用意欲や応募者の辞退率を具体的に示す仕組みが必要になるかもしれない」

――経済学のあり方はどう変わりますか。

「伝統的な経済学が考えていた価格ベースの19世紀以来のモデルとは異なる世界により注目が集まるだろう。経済的観点からみた厚生をどう測るかなど基本的なことも問題だ。例えば公立学校選択制の経済厚生を測る際はデータに価格が介在しないため、1人あたりの通学時間はどれだけ減らせたのかで測った」

――生活面ではどんな変化が起こるでしょうか。

「いままでの経済学は、自分のことは自分がよく知っているから『この価格だったら買いたい』という『見えざる手』が働いた。しかし米アマゾン・ドット・コムが発展すると、アマゾンの方が自分のことを知っている。在庫状況などから自動で注文してくれるところから、『この人はいくらなら売ることができる』との判断まで可能になり、価格差別が起きかねない。政府であったり、何かしらの監視団体が規制するのが重要だが、同じ問題は政府にも言える。権力に対して周りが理解し、監視する仕組みが求められる」

Fuhito Kojima
2019年9月から現職。専門はマーケットデザインやゲーム理論で、学校選択制のミスマッチ解消に向けた研究で知られる。

NEO ECONOMY

CHAPTER 4

昨日とは違う明日

Chapter 4

Reportage 1

「デジタル分業」世界で1・1億人
――生産性、地球規模で競う

モノではなく、知識やデータが価値を生む経済への転換は、私たちの価値観や常識に変化を迫る。明日は昨日の延長線上にはない。不連続の時代だ。

出稼ぎ大国・フィリピンに変化の波が押し寄せている。「海外に行かなくても稼げる」。家族と暮らせることを喜ぶキャサリン・イバニェスさん（29）は、マニラ市内の自宅で米西海岸の会計事務所から仕事を請け負う。午前0時に「出勤」してパソコンをネットにつなぎ、会計士の予定の調整など事務をこなす。

脱・出稼ぎ広がる

米時間に合わせ午前9時まで働き、フィリピンの平均を上回る月500ドル（約5万5000円）を稼ぐ。昼夜逆転生活だが、空

デジタル分業は移民を補うように存在感を高める

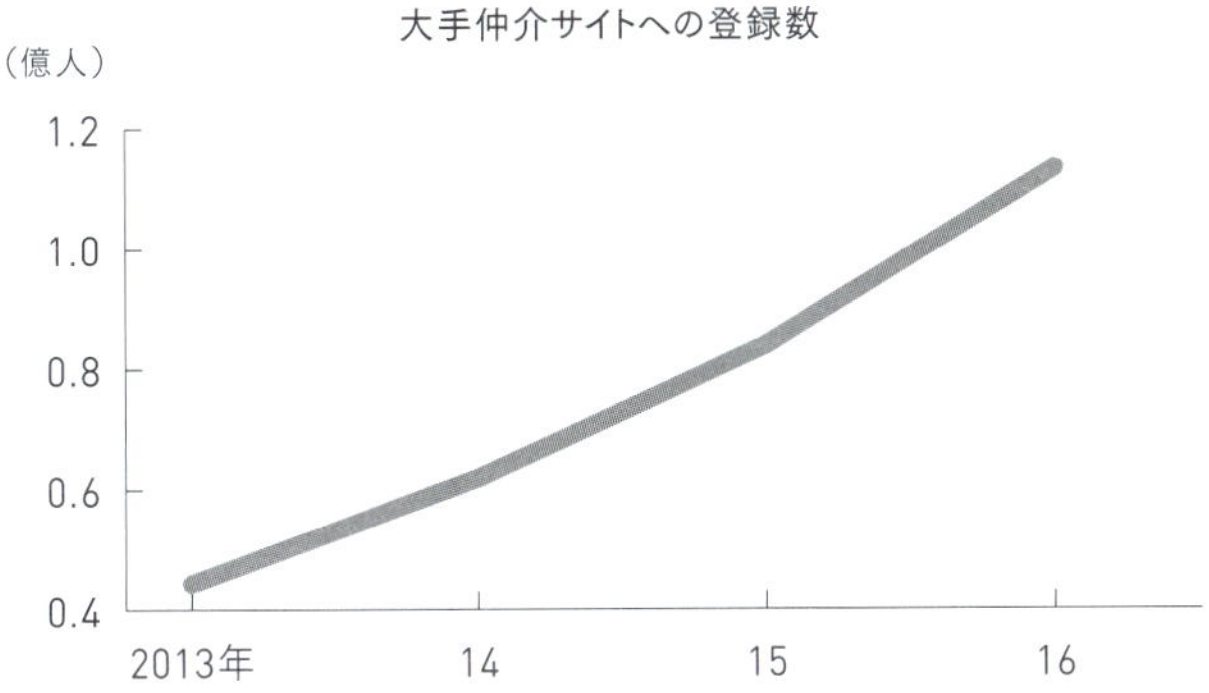

(出所)世界銀行

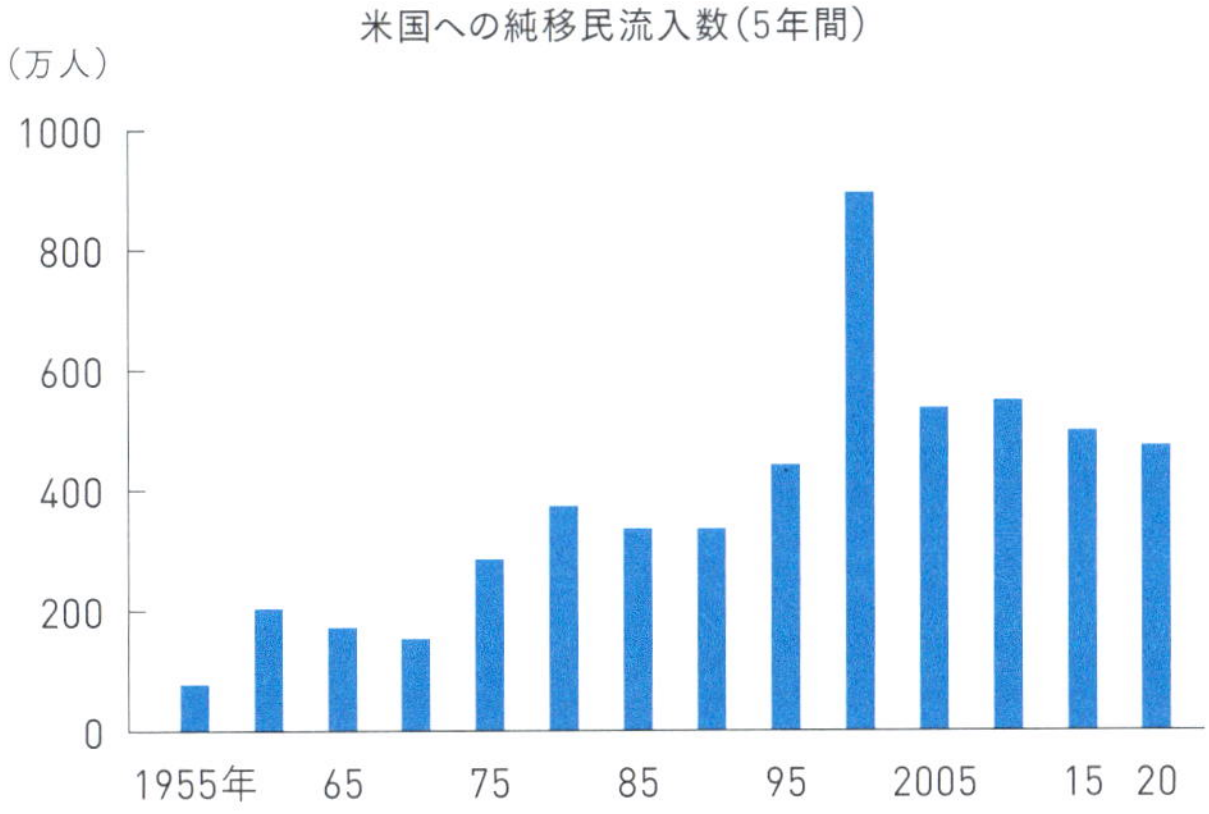

(出所)国連、調査会社グローバルノート

イバニェスさんは米国からの仕事をオンラインで請け負う(マニラ市内の自宅、2019年11月)

き時間は翻訳など副業に充てる。発注側も米国内で雇用するよりコストを8割減らせる。働き方が広がり、フィリピンの海外への移民は2018年に7万3000人とピークの15年から21％減った。

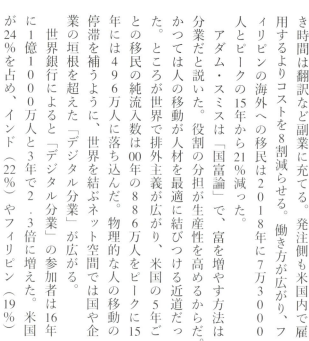

アダム・スミスは「国富論」で、富を増やす方法は分業だと説いた。役割の分担が生産性を高めるからだ。かつては人の移動が人材を最適に結びつける近道だった。ところが世界で排外主義が広がり、米国の5年ごとの移民の純流入数は00年の886万人をピークに15年には496万人に落ち込んだ。物理的な人の移動の停滞を補うように、世界を結ぶネット空間では国や企業の垣根を超えた「デジタル分業」が広がる。

世界銀行によると「デジタル分業」の参加者は16年に1億1000万人と3年で2.3倍に増えた。米国が24％を占め、インド(22％)やフィリピン(19％)も目立つ。英オックスフォード大の調べでは高度なソフトウエア開発の55%をインド人が受注している。東南アジアやアフリカで仕事を請け負う人に聞くと、68%がオンラインでの仕事が「重要な生計の源」と答えた。

企業はネットを通じて世界35億人の労働力人口から素早く、最適な人材を雇える。米マッキンゼー・アンド・カンパニーはデジタル分業が生産性や労働参加を高め、25年までに世界の国内総生産(GDP)を年2・7兆ドル押し上げるとみる。英国のGDPに並ぶ規模だ。特に米国は年2・3%の押し上げ効果が働く。

優劣判断厳しく

一方で、人材の優劣が世界基準で判断される厳しい市場でもある。神奈川県の野中哲さん(61)は米企業での勤務経験もあり、海外の技術者と共同で企業のシステム開発を担う。時給は最高4000円というが「英語が必須。同じような仕事をする日本人は知らない」と話す。世銀やオックスフォード大の調査でも「日本」の文字は見当たらない。

英ウォーリック大のジェニファー・スミス准教授によると、移民の従業員比率が1%増えると企業の生産性は1・6%上がるという。人が移動しなくてもデジタル技術で多様な人材が結ばれる新たな経済では、地球規模で広がる恩恵を最大限利用することが生産性を高める大前提となる。国や組織を閉じ、競争に出遅れていないか。周回遅れの実例は身近に転がっている。

Interview Vili Lehdonvirta

ギグワーク、世界経済に貢献

オックスフォード大
ビリ・レードンビルタ准教授

――ネットで単発の仕事を請け負う「ギグワーカー」が増えています。

「外注といえばかつては多くが、大企業によるコンサルティング会社などへの委託だった。ギグエコノミーの拡大は、外部の専門的な労働力を活用する機会を中小企業にも与えたことに意義がある。働く側からみると、技能さえあれば場所や時間に関係なく柔軟に、より高い収入を得られる可能性が生まれた。生産性を引き上げ、世界経済に恩恵をもたらしている」

「オンラインの労働市場には、子育てや体が不自由などの理由で外出が厳しく、伝統的な働き方を選ぶのが困難な人が大勢流入している。我々の研究では移民が多いことが分かった。技能があっても移民だとの理由だけで職を得るのが難しいことがあるが、オンラインなら差別に遭いにくい」

――負の側面にも注目していますね。

「社会保障をどう充実させていくかが課題になっている。(ギグワーカーには)年金や失業保険の枠組みから漏れている人が少なくない。自ら手配しない限り、彼らは社会保障制度から置き去りになってしまう。自営業者と同じで育児休業などはない。自宅勤務を続けることで孤独にさいなまれる人も出ている」

――労働者の権利保護へ従業員として扱うべきだとの議論があります。

「自営業者と従業員のどちらに分類すべきか、今の法律の下ではとても難しい問題だ。ギグワークは、ウーバーの運転や料理宅配のような『ローカル』と、ネットを通じて作業を受注する『オンライン』に分けられる。前者では従業員とみなされるケースがこれから増えていくと思う」

「一方で、例えば様々な顧客からソフト開発を請け負っている人は、自営業者とみなすのが正確だろう。プラットフォームは彼らが仕事を探す手段にすぎない。従業員とみなされれば労働時間などに規制が課され、利点だった柔軟な働き方が縛られる。自営業者でも従業員でもない新たな分類を作るべきだとの意見もあるが、複雑になってしまう」

――デジタル分業の健全な発展にはどんな政策が必要でしょうか。

「雇用形態にかかわらずカバーされる社会保障の仕組みが必要ではないか。ユニバーサル・ベーシックインカム（全員対象の最低生活保障）などがあり得る。保障の網を全ての非正規労働者にどう広げるかを考えることが大切だ」

――労働市場は将来的にどう変容するでしょうか。

「企業文化を維持するためには中核を担う働き手が必要で、正社員がギグワーカーに全て置き換わっていくとは考えにくい。ただ、正社員の性質はギグに徐々に近づいていく。プロジェクトベースの働き方が増えて転職が当たり前になる。終身雇用は衰退していく」

「ギグワーク市場の労働需給を分析すると、全体では供給過剰になっている。だが、ソフトウエア開発やデザイン、映像制作といった高度な専門技能への需要は根強い。フリーランスを志す人には、最初は普通に働いてスキルと経験を身につけることを勧めたい」

Vili Lehdonvirta

フィンランド出身。トゥルク大博士（経済社会学）。オンライン労働市場やデジタル経済を研究。２０１６年５月から現職。

Chapter 4

Reportage 2

機械仕掛けの欲望 1700兆円

――人材育成再考、国も企業も

膨大なデータを集め、分析し、価値を生み出す新たな経済。瞬時に大量のデータを処理できる人工知能（ＡＩ）がその一翼を担うが、人の仕事が奪われるだけの未来が待つのか――。

２０１５年に米ディファインドクラウドを創業したダニエラ・ブラガ氏は「ＡＩの教師役」を世界中から集めている。機械が大量のデータから適切な結果を導き出すには物事の判断を学ぶ必要がある。米マイクロソフト在籍時にＡＩが学ぶべきデータを集める難しさを感じ、学習データの作成そのものを事業にした。

ＡＩが雇用創る

長野県に住む跡部洋氏（34）は「ＡＩの教

人工知能に覚えさせるために言葉の意味や定義などを入力する（長野市）

師役」を務める1人だ。パソコンを使い、「答えが『皮膚』になる質問は」「その質問を言い換えて」といった問いへの回答を打ち込む。AIが学ぶ「教材」づくりだ。1日8時間ほどの作業で月20万～45万円。跡部氏のような「教師役」が世界に21万人いるという。

世界経済フォーラムは22年までに機械化で7500万の仕事が消える半面、新たに1億3300万の仕事が生まれ、差し引き5800万増えると予測する。18世紀後半、英国で始まった産業革命では工場の機械化が進んだ。AIはさらに人の知的領域にも踏み込むが、ソフトウエア開発などに加え、営業など対人の仕事の需要も高まるという。

雇用だけではない。米ボストン大のジェームズ・ベッセン教授は「AIは需要を膨らま

AIは様々な経路でGDPを押し上げる

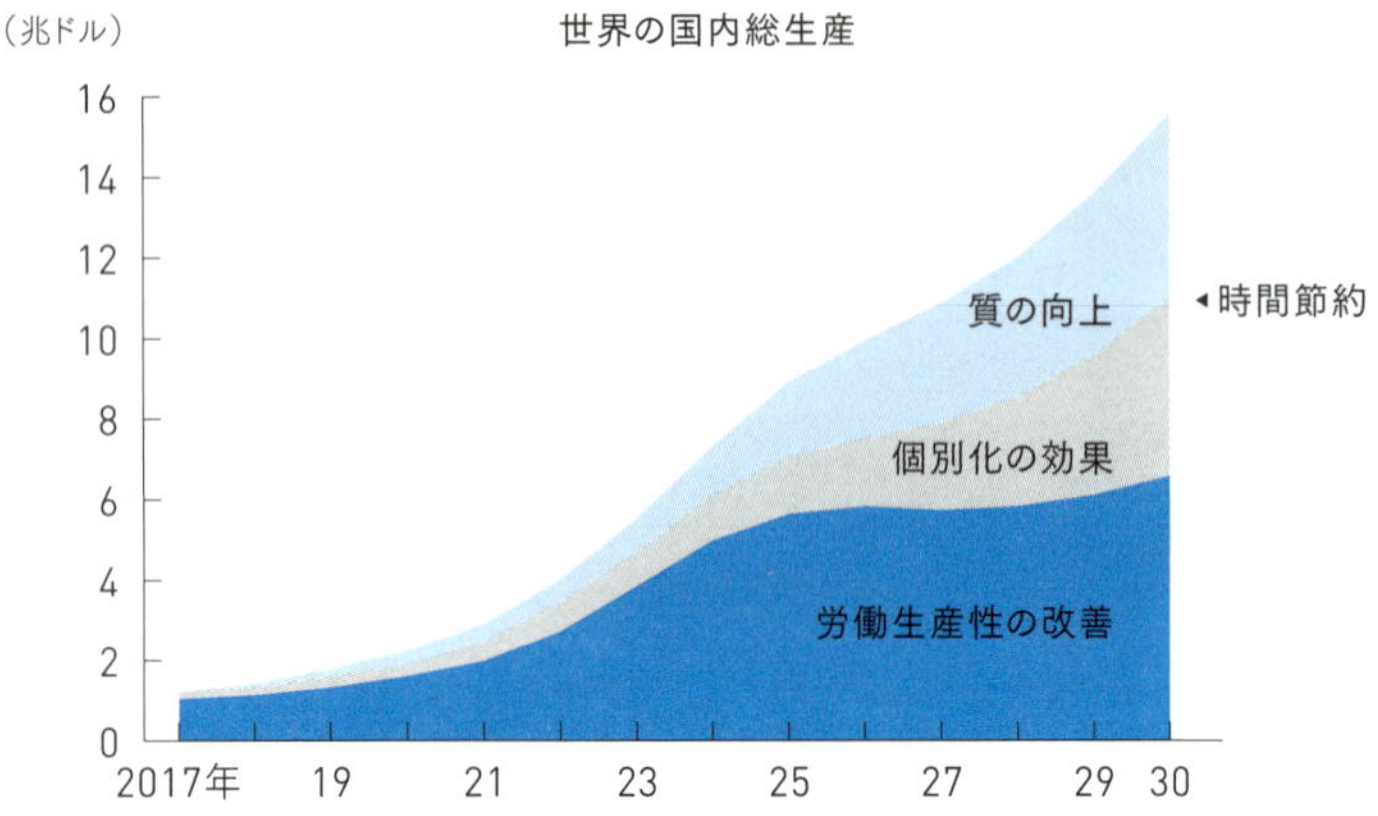

(出所) PwC

せることもできる」という。産業革命では繊維産業の機械化が進み、布のコストが大幅に下がったことで服の需要が高まった。ＡＩが人の内心に潜むニーズをデータから掘り起こせば、これまでにない欲望が新たに創り出される。

例えば米マクドナルドはドライブスルー用に天候や時間帯などに応じて「お薦め」を変えるデジタル看板を米国の９５００店以上に導入した。１日当たり６８００万人の購買動向を分析し、先んじて「お薦め」して追加購入を誘う。ＰｗＣはＡＩによって労働生産性が高まるのに加え、消費者の満足度の向上が新たな需要を生み、世界の国内総生産（ＧＤＰ）を30年までに15・7兆ドル（約１７００兆円）押し上げるとみる。

人口増も止まる

だが、こうした質的な変化は経済統計でとらえきれない。米マサチューセッツ工科大学（ＭＩＴ）のエリック・ブリニョルフソン教授らは、１９７０年代以降のコンピューターの普及による生産性の向上が統計で確認できなかった「生産性の矛盾」との類似性を指摘する。90年代に生産性が統計上でも向上したが、革新的な技術進歩の効果を確かめるには時間がかかる。

大量雇用・大量生産をテコに成長するモノ中心の経済は過ぎ去り、知恵やアイデアが価値の源泉となった。ＡＩやロボットなど機械が増え続けるなか、国連の予測では２１００年に世界の人口増は止まる。時代の変化に対応し、新たな付加価値を創り出せる人材をどう育てるか。国も企業も、人材づくりに向けた政策や経営を根本から再考するときを迎えている。

Interview James Bessen

デジタル、質と経験に恩恵

ボストン大 ジェームズ・ベッセン教授

——人工知能（ＡＩ）は人の欲望と需要にどう作用しますか。

「歴史を遡れば繊維産業は自動化によりコストが下がり、多くの人が服を安く買えるようになった。需要が膨らんだ結果、雇用も増えた。我々の研究ではＩＴ（情報技術）投資をした企業の売上高は11％増えた。コストが下がり、製品やサービスの質が上がり、需要を喚起するからだ。音楽配信であればお薦め機能で新しい音楽に出会い、音楽に対する需要を広げる」

「ＡＩは人を代替するのではなく、人の能力を高める。企業がＡＩを使って得る最大の利点はコスト削減ではなく、顧客への商品提案力の向上ということが我々の調査で分かった。ＡＩはコールセンターで客の質問を精緻に分析し、適切な回答者を探す。客は待たずに済み、満足度が高まる。デジタル時代に受ける恩恵とは必ずしも量ではなく、質や経験だ」

――デジタルサービスの多くが無料で提供されていますが、需要の変化とは。

「２つの側面がある。一般の人は『グーグル』や『フェイスブック』を無料で使う。もう一つ、広告主の需要がある。技術は広告主にターゲティングという効果的な手法を提供し、広告の需要を広げる。グーグルやフェイスブックにとっての顧客は広告主だ」

「今はＡＩによる生産性の向上が需要の拡大を促す時期にある。例えば小売業はＩＴやＡＩの活用が他の分野に先行している。客の購買動向を分析し、在庫の量や顧客に迅速に届ける方法を研究している。ただ、技術がもたらした需要の拡大はいつか飽和する」

――人が仕事の質の変化に対応できず、経済が不安定になりませんか。

「社会の不安定さは生むだろう。多数の人が仕事を変え、新たなスキルを身につける必要が生じる。引退間近の高齢者など対応が難しい人もいる。我々の研究によると企業が自動化を取り入れると８％程度の従業員は会社を去り、会社は異なるスキルを持つ人を雇用する。ＡＩはこの変化を速める。一定の社会の混乱や断絶を生むかもしれない」

「10年前、米国のコールセンターは全てインドに移ると言われていたが、実際にはそうはならなかった。確かに多くのセンターが移管したが、米国でも電話オペレーターの雇用は増えた。今はＡＩがセンターの機能の一部を代替している。例えば適切な回答者により速く、正確に電話を回すことだ。ＡＩは人の仕事を減らすと同時に増やすこともある」

――政策はどう対応すべきですか。

「産業革命の大きな変化を振り返れば、機械はそれを扱う熟練者を必要とした。何十年もかけて、労働者が機械を動かせるようになる訓練システムを構築した。課題こそ違うが適応できるまでに数十年かかるという点で今も同じだ」

「現状の教育システムは若いときに訓練したスキルを一生使うという考えで築かれてきた。だが今は5～10年ごとに新しいスキルを学ばないといけない世界だ。政府にとっても企業にとっても難しいが、新しいスキルを習得しやすい教育に変える必要がある」

James Bessen

経済学者として技術革新と労働、消費者の需要などの関係を研究。ソフトウエア開発者として企業を創業し、売却した経験も持つ。

Chapter 4

Reportage 3

中国の「成長」5分の1に

――「負債」の直視 未来への責任

何気なく飲む水や吸い込む空気と、魅入られるほど美しいダイヤモンド。あなたはどちらに価値があると思いますか――。

1990年代から2010年代半ばにかけて、1人当たり国内総生産（GDP）が年平均10％近く伸びた中国。世界経済の成長をけん引したが、「本当の豊かさ」を測ると、年平均の伸び率は2％と5分の1に縮む――。九州大学の馬奈木俊介教授らが国連とつくった「新国富指標」だ。

環境なども反映

GDPで測れない環境の悪化や教育水準の改善なども反映し、経済が持続可能な成長をしているかどうかを把握する物差しだ。中国の「低成長」は「環境問題や天然資源の減少

環境などを考慮した新国富指標は新興国で伸びが鈍る

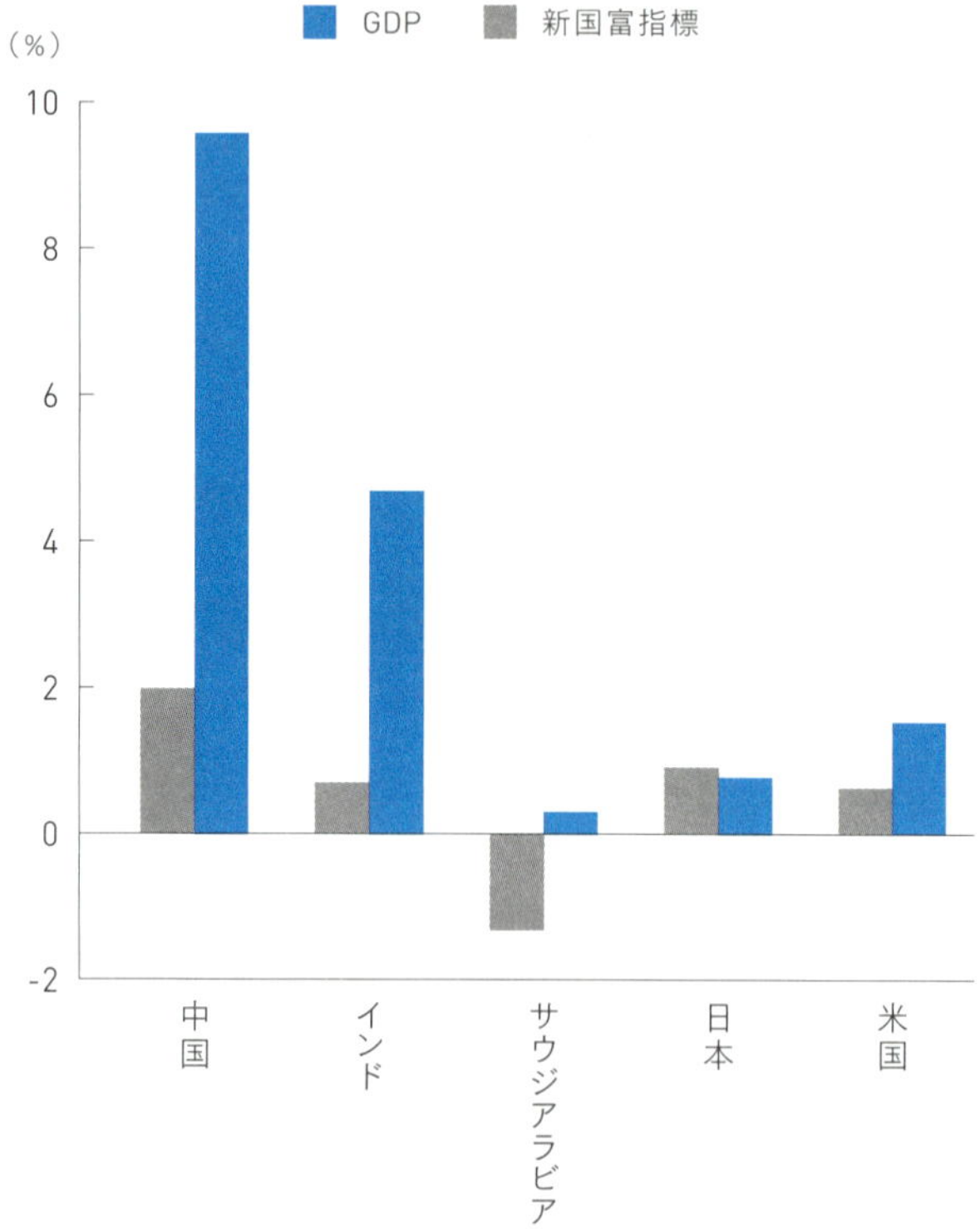

（注）1990〜2015年の年平均成長率、いずれも1人当たり

が足を引っ張った」(馬奈木教授)。様々なデータを集めて分析する技術が進み、見過ごしてきた価値やリスクが目に見えるようになった。

「妊娠中でぜんそくに悩む妻と家を探すとき、物件ごとに空気の清浄度を可視化できないだろうかと考えた」。イスラエルの新興企業、ブリゾメーターのラン・コルバー最高経営責任者(CEO)は語る。世界約5万個のセンサーから交通量、花粉の飛散など多様な情報を集め、世界3万都市の大気状況を把握する。仏ロレアルは同社の情報を使い、顧客がいる場所の空気に適したスキンケア商品をお薦めするアプリを開発した。

四川大学の劉潤秋教授によると、中国では大気汚染指数が0・1ポイント悪化するごとに住宅価格が3・97%ずつ下がるという。米グーグルも「グーグルアース」に公害情報を盛る試みを始めた。これまでの経済では空気など環境には値段が付かず、モノやサービスが取引される市場の外部に置いてきた。だが「情報化が進み市場の内部に取り込みやすくなっている」(有村俊秀早大教授)。投資家や企業の行動にも変化を迫る。

価値観が転換

環境や企業のガバナンスに配慮したESG投資は18年に世界で30兆ドル(約3200兆円)と、2年前の1・3倍に膨らんだ。格付け大手ムーディーズの関連会社「フォー・トゥエンテ

環境ベンチャーの「BreezoMeter(ブリゾメーター)」が開発した、大気の汚染状況を可視化するアプリ(東京・丸の内)

ィー・セブン」は世界100万カ所の企業施設データなどから企業が抱える台風や洪水、海面上昇のリスクを可視化。米公的年金カルパースも顧客に名を連ねる。

「大量生産時代は終わった。一人ひとりの頭脳や多様な働きを評価しないといけない」。日立製作所の矢野和男フェローは働く人をセンサーで感知し、体の動きから職場への満足度を測った。電話営業の実験では高数値のチームは低いチームより受注率が3割高かった。働きやすさという幸せを可視化する試みだ。

産業革命以降、人類は資源やエネルギーを大量に費やして高い経済成長を遂げた半面、地球環境を犠牲にしてきた。だがこれまで見えなかった空気や水の価値がデータで見えるようになり、過去から積み重ねた「負債」の重さが我々に価値観の転換を迫る。不都合な現実を直視して初めて、過去のツケを清算し、より効率的で持続可能な経済を手にできる。未来のために、いま果たすべき責任だ。

Chapter 4

Interview Shunsuke Managi

持続性、ＧＤＰで把握困難

九州大 馬奈木俊介教授

――国内総生産（ＧＤＰ）に代わり新国富指標の活用を提唱しています。

「新国富指標は社会インフラなどの人工資本のみならず、森林や農地、天然資源などの自然資本、教育水準や寿命などの人的資本の３つを合成して作る。石油を燃やし環境を悪化させてもモノの生産が増えればＧＤＰは増える。しかしこの成長は持続可能ではない。将来世代も活用できる資本がどれだけあるかを数値化したのが指標の特徴だ」

「たとえばサウジアラビアではこの25年で、ＧＤＰは増加したが、新国富指標はマイナスの伸びだ。石油採掘が進み自然資本が減る一方で人工資本が伸びていないので、全体としてはマイナスに陥っている」

――政策にどう活用できますか。

「福岡県久山町ではまちづくりに活用した。アンケート調査で町民にとって価値の高い資本を推計したところ公園への評価が高く、それが町の予算に反映された。中国でも現地の研究者と議論しており、格差解消にはインフラより教育投資による人的資本の充実が先決ではないか、といった視点を提供している」

――日本の一人当たりGDPは年平均で0・8%増、新国富指標は同0・9%増でした。

「GDPより新国富指標の伸びが大きい日本は非常に珍しい国だ。インフラ投資を進め国富は増えたが、それに対応した消費は増えず、GDPの伸びが低迷したと解釈できる」

Shunsuke Managi
専門は応用経済学と都市工学。国連の「新国富報告書2018」の作成を主導。指標を活用した地域政策にも取り組む。

Chapter 4

Interview　Ran Korber

大気の可視化、政策に一石

ブリゾメーター　ラン・コルバーCEO

――地球規模の大気の質をピンポイントで測るのは困難でした。

「ここ数年で膨大なデータが入手可能になり、空気の中身を数値化できるようになった。各国政府が観測センサーを拡充し、欧州連合の人工衛星情報なども民間企業がアクセスできる。各都市で交通量を計測する会社も増え、汚染物質の排出推定に役立っている」

「我々は世界約5万個のセンサーや衛星情報、提携企業などから気象、火災、花粉などのデータを収集。毎時約2テラ（テラは1兆）バイトの情報に対し約80億回の計算を実施して94カ国の約3万都市で30種類の大気汚染物質を推計している。分析できる区画は大都市で180メートル四方ごとに可能だ」

――まだセンサーがない地域もあります。

「地上センサーは数十キロの間隔が空く地域もあるが、人工知能の発達で高精度のシミュレートができるようになった。汚染発生源など衛星情報のデータをアルゴリズムで解析し、各地の状況を推計している」

――大気の可視化は経済をどう変えますか。

「清浄な空気を求める潜在需要は大きい。現在は家ごとに周囲の大気を分析でき、不動産市場にも一段と影響をもたらすだろう」

「二酸化窒素やPM2・5など、自分が何を呼吸しているか具体的に分かると健康への意識はより高まる。環境改善を政府に求める声も増え、結果的にマクロの政策変更につながる可能性もある」

Ran Korber
化学大手の環境エンジニアから独立し2014年に同社創業。大気のビッグデータ解析で、仏ロレアルや英ダイソンを顧客に持つ。

Chapter 4

Reportage 4

所得と消費に広がる溝

――滞る再分配、安定損なう

産業革命以来の工業化社会は大量雇用で生産性を上げ、賃金上昇を通じて成長の果実を行き渡らせてきた。富の源泉がモノから知識やデータに移り、分配の法則も変わった。時代に追いついていますか――。

頭脳の争奪戦に

ＮＥＣが２０１９年11月に都内で開いた顧客向けセミナー。壇上の青いパーカー姿の青年は「人工知能（ＡＩ）向けのデータを整理するＡＩ」の開発について語った。18年に米ベンチャー企業ドットデータを創業した藤巻遼平氏（38）。33歳でＮＥＣの最年少主席研究員に就いたトップ人材だ。

「藤巻氏をどうつなぎ留めるか」。ＮＥＣの経営陣は約1年、議論した。結論はトップ人材

NECトップ技術者の藤巻氏は会社が支援し米国で起業した（東京都千代田区）

と先端技術を社外に出し、起業を認めること。社内の人事報酬制度で縛らず事業の全権を委ね、成功すれば創業者利益も得られる。ライバルに買収されるリスクはあるが、自由な環境にこそ優秀な人材が集まると腹を決めた。

企業の投資はデータや知的財産といった無形資産に集中し、優秀な頭脳の争奪戦が広がる。米国の雇用者全体に占める製造業の割合はピークの1940年代の4割近くから、足元で4分の1の9％弱に縮小した。日本もピークの60年代の4割弱から約17％に半減している。大量生産・大量雇用ではなく、富を生む知識を押さえた勝者が果実を総取りする経済が広がる。

所得と消費のデカップリング（分離）が進む

（格差の度合いを示す「90／10比率」）

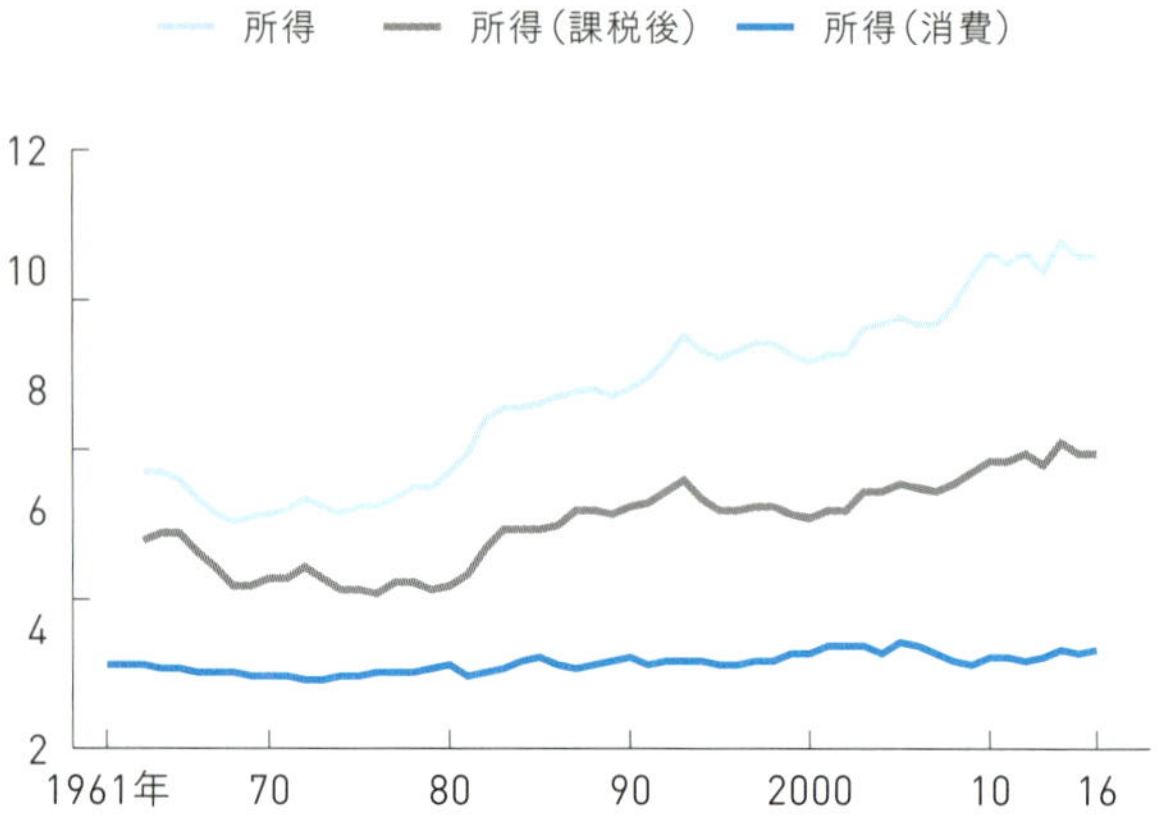

「有効需要低下も」

拍車がかかるのは富の偏在だ。研究者らによる「世界不平等報告書」は、上位0・1％の富裕層の富が2050年に40％の中間層に匹敵するまでに膨らむと予想する。およそ40億人が「中間」と呼べない立場に置き去りにされる未来だ。上位1％の富が中間層40％を抜いたのは90年代。この動きは緩む気配はない。

　所得と消費のデカップリング（分離）――。シカゴ大学のブルース・メイヤー教授らが指摘する問題だ。所得の上位10％と下位10％から格差の大きさをみると、80年から足元までに5割拡大した。一方、消費のばらつきはほぼ横ばい。一部の人が使い切れない富を手にし、経済全体で「有効需要の低下を招いている可能性がある」（大阪大の安田洋祐准教授）。需要の目減りが低成長、低金利、低インフレにつながる構図だ。

「国は私たちの富にさらに課税する道徳的、倫理的、経済的責任がある」。２０１９年６月、投資家ジョージ・ソロス氏ら約20人の超富裕層は20年の米大統領選候補者に書簡を送った。提唱する資産税は10年で３兆ドル（約３２０兆円）の税収となる計算だ。富の再配分が経済を成長させると主張する。

現実には、国境をまたいで活動する富裕層をつなぎ留めたい国は増税をためらう。そこに「モノから知識へ」の対応を急ぐ企業の人材投資が重なり、持つ者と持たざる者の差は一段と開く。再分配の機能が目詰まりし、中間層が痩せ衰えて所得と消費の溝が開けば、経済だけでなく社会の安定も損なうリスクが膨らむ。

Interview Alex Rosenblat

「顔のない上司」への対応急務

データ&ソサエティー アレックス・ローゼンブラット 主任研究員

――ウーバーなどプラットフォーム企業が労働者に与える利点と脅威は何でしょうか。

「労働者は即時で仕事の評価を得られる。従来のような官僚的な管理と比べ、個人的だ。例えばどの程度の速さでアクセルを踏んだのか、仕事の質への評価など常時監視され、すぐにどのように改善するか通知を受ける。アルゴリズムが管理するのは、極めて個人化された巨大な労働力だ」

「伝統的な上司による部下への指示とは異なるが、アルゴリズムという『顔のない上司』は労働者を支配から解放するわけではない。ウーバーとドライバーの間に従業員規則は存在しないが、通知や報酬などを通じて支配は存在する。それは新しい支配の形といえる」

――起業家、労働者と消費者の境界線が従来より曖昧になってきました。

「労働市場は時間をかけて変遷してきた。フランチャイズビジネスもその一例だ。それは大きな権力を持つ本社の厳しい規則の下で運営されるが、小規模事業者とみなされている。そのオーナーたちと本社の間には大きな権力の非対称性がある」

「ドライバーを従業員とみなさないウーバーのモデルは潜在的に反トラスト法（独占禁止法）に違反している可能性がある。運賃の形で、ウーバーは何百万もの独立の個人事業主によるスモールビジネスの価格を決定しているからだ。この価格決定の支配力は極めて異例だ。ドライバーは自らの都合でウーバーに『ログイン』しない自由を持ち、多くのドライバーはその柔軟性に価値を置く。だがそれは起業家が持つ自由には匹敵しない」

――政策担当者はどう向き合うべきでしょうか。

「ウーバーなどは、ドライバーは乗客と同じく技術の消費者であり、顧客であるという論理を展開する。労働法から消費者保護法の範囲に移ることで、仕事場で必要となる最低賃金や差別の禁止といった保護は受けにくい。労働者は圧倒的に不利な立場に置かれる。現在の労働法はこうしたギグエコノミーという労働の形に追いついていない」

「進歩的な革新を起こすテック企業の一部は、経済を発展させる望ましい結果を生み出すのだから既存のルールの適用外にいるべきだという『テクノロジー例外主義』の神話をつくって規制の順守から逃れようとしてきた。ドライバーなどが個人事業主として扱われるように懸命に当局へのロビー活動もしてきた。これは様々な国の法制度への挑戦という側面もある。各国の政府は主体的に安全な仕事の質を保つための規制などのルールを策定し、従うよう促すべきだ」

――それでもウーバーのドライバーは増え続けました。

「2008年の金融危機の後、ウーバーに労働者が押し寄せた。経済がさらに安定すれば労働者がより良い仕事に巡り合う機会が増え、ドライバー数は減ることになるだろう。雇用の調整弁のような役割を果たしているのは事実だ」

「ウーバーでの働き方はここ10年の潮流であり、労働市場の変遷の象徴だ。（ギグエコノミーの）働き方をより魅力的にし（輸送業界の革新に）成功したのも間違いない。一方で、労働者が受けるべき保護から遠ざけるという点で格差も拡大させたのは否定できない」

Alex Rosenblat

カナダのクイーンズ大で社会学修士号取得。4年間かけて取材・研究し、ライドシェアの労働の実態をつづった『Uberland ウーバーランド』の著者として知られる。

Chapter 4

Interview Kazuo Yano

幸福度の指標、経済で重み増す

日立製作所
矢野和男フェロー

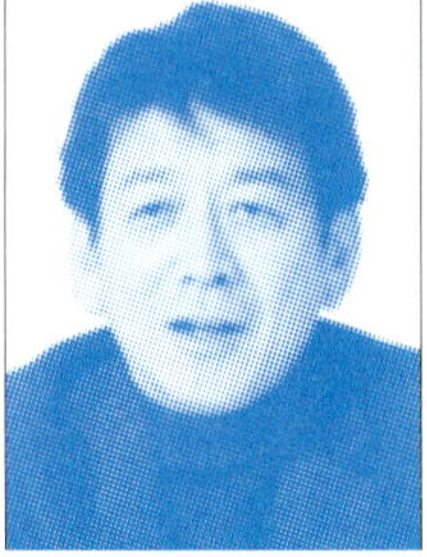

――非伝統的なオルタナティブ（代替）データの重要性は増しているようにみえます。

「オルタナデータが重要なのは、経済の実態を正確に把握する目的だけにとどまらない。例えば組織の生産性を高めるために構成員がどれくらい幸せな状態であるかを測る指標も求められている」

「従来の研究では自己申告制のアンケートでしか測ることができなかった。そこで専用の着用可能なセンサーやスマートフォンで計測した体の揺れとアンケート結果をつき合わせて、ハピネス指数という新指標をつくった。アンケートで幸せ度が高い集団には体の動きに明らかな特徴があり、そうしたエビデンスから組織の幸福度や活性度を測る仕組みだ」

――**具体的にどう計測するのですか。**

「幸福度が高い組織は動き出してから止まるまでの時間にばらつきがあるが、低い集団ではその長短に大きな差がみられなかった。そうした非言語のジェスチャーなどの動きは、周囲の人の幸福度と大きな関連があることもわかった。『情けは人のためならず』をデータで証明した。現在はスマホのアプリでそうした動きを促進することで、組織全体の幸福度を上げることができるサービスも開発した」

「幸福度を上げるために求められる動きは個人ごとに違う。多くの企業はモノを大量生産して安く売る従来型のビジネスモデルに引っ張られて、画一的なルールにしがちだ。企業の生産要素が工場からヒトの頭脳に移る現代こそ、働き方改革を定量的なデータに基づいて進めることが大事だ」

――**実際にどのような効果があがっていますか。**

「日立製作所では営業職の600人に指数を計測するアプリを使ってもらい、毎日アドバイスを送った。その結果、よくアプリを使う人は受注達成率が2割以上高かった。特に営業職場ではお客を幸せにできないと業績が伸びないからだ」

「過去の学術研究では幸福度が企業業績に連動していることが学術的に証明されている。最近まで行った83社、4300人を対象にした実証では、ハピネス指数をもとに幸福度を底上げし、業績換算すると営業利益ベースで約10％の伸びに相当した」

――これまで目に見えなかった価値を測るオルタナデータは経済をどのように変えるでしょうか。

「仕事や転職先を選ぶときにもこうした指標は参考にされるようになる。従業員のサービスや客の所作もエビデンスに基づく指標でレーティングされ、高い評価を受ける人は恩恵を受けやすくなるだろう。ビッグデータが集まるにつれ、地域全体の住民がどれだけ周囲を幸福にしているかを測れるようになり、人口や不動産価格も左右するようになる」

「企業による人事評定にも影響を及ぼすだろう。コールセンターでの実験ではある人がいると確実に売り上げが上がるが、その人自身の売り上げは高くないというケースもみられた。客観的な指標で貢献度が測れるようになれば、こうした人々が正当に評価されるようになるだろう」

Kazuo Yano

ビッグデータや人工知能、常時着用するウエアラブル端末の研究で国際的に知られる。著書に『データの見えざる手』。

Chapter 4

Interview Sumit Agarwal

技術革新、幸福の度合い高める

シンガポール国立大 スミット・アガルワル教授

――**技術革新によって企業活動や人々の働き方はどう変わりますか。**

「これまではファストフード店で注文すると、レジ係が現金を受け取り、調理係に注文を伝え、調理されたハンバーガーを顧客に渡す店舗運営が主流だった。今や消費者が店に入った瞬間に、スマートフォンにメニューが配信され、支払いまで人手なしに完結できるようになった。レジ係のような仲介者は不要になりつつある」

「中間業者の無駄な工程がインターネットによって省略可能になっているのは製造業も同じだ。

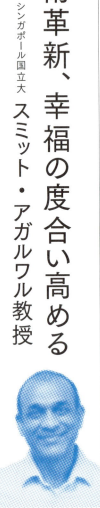

かつて米国のクリスマス商戦に間に合わせるには、5月頃に中国の工場に発注しなければならなかったが、中抜きが進み9月に発注しても間に合うようになった。仲介業者がいなくなれば消費者は余計な手数料を支払う必要がなくなり、経済全体の効率性も高まる」

――全ての職業がロボットや人工知能（AI）に代替されていくのでしょうか。

「子どもの世話は人間が担う必要があるので、20年後もメイド（家政婦）の需要はなくならない。美容師やネイリストといった職業もロボットには置き換わらない。彼らは仲介者ではなく、サービスの担い手だからだ。シンガポールでは多くの外国人労働者が建設現場で働いているが、労働力が余る周辺国からロボットで代替するより低いコストで人材を調達できるので、こうした需要も当面減らない」

――一方、高度な専門職では抜群の技能を持つ少数の人材が、多数の平均的な集団を上回る価値を生み出す事例が目立ってきました。

「500人の生徒を1クラス50人に分けて10人の平均的な教師が教えるよりも、1人の最優秀の教師が500人を教えた方が生徒の受ける恩恵は大きい。技術の力を借りれば500人の生徒を教えるのは可能で、効率もよい。弁護士や医師といった職業でも少数のスーパーマンに仕事が集中する構図は強まるだろう」

――そうなれば職を失う人が大量に出ます。

「失業率は高まるだろう。社会の安定に政府が果たす役割はもちろん重要だが、企業や教育機関も人材の再教育・訓練の機会を提供し、役割を失った人が新たな役割を見つけられる支援をすべきだ」

「社会全体での再訓練に失敗した一つの象徴が今の米国だ。ラストベルト（さびた工業地帯）の労働者の支持を集めたトランプ米大統領は『海外に奪われた雇用を取り戻す』と主張するが、労働者の能力を高めない限り本質的な解決策にはならない。特に労働力の大量の余剰を抱える可能性がある中国やインドは対応が急務だ」

――多くの人にとっては今よりも厳しい時代になりますか。

「必ずしもそうではない。技術革新によって生活のコストが下がり、欲しい商品やサービスが手に入りやすくなれば幸福の度合いは高まる。一時的に失業しても、健康寿命が延び、長い間働くことができれば生涯年収は高まる。エコノミストは失業率は低いほどよいと考えがちだが、物価上昇率が高まる副作用もある。何が幸福を測る最適な指標なのかを再考する必要がある」

Sumit Agarwal

米バンク・オブ・アメリカやシカゴ連邦準備銀行のエコノミストを経て現職。フィンテックやデジタル経済の動向も研究対象とする。

NEO ECONOMY

CHAPTER 5

刷新迫られる政策

Chapter 5

Reportage 1

中銀インフレ目標6割未達

——限界の先へ、脱物価探る

異次元緩和を7年近く続けても2％の物価安定目標が遠い日本。金融政策の限界か、それとも経済の「体温計」が狂ったのか——。

「過去から見ると異常な状況だ」。2019年11月、来日した国際通貨基金（IMF）のクリスタリナ・ゲオルギエバ専務理事に世界を覆う低インフレについて問うと、強い危機感が返ってきた。「技術革新は大規模に起きているのに生産性の向上がついてこない。その結果として低成長、低金利、低インフレが続いている」

「体温計」に異常

日本など先進12カ国をみると、7カ国の19年の物価の見通しが中央銀行の目標を下回っている。6割が目標未達という「異常」の背

クリスタリナ・ゲオルギエバ IMF専務理事

景には経済の地殻変動がある。富の源泉がデータなど無形資産に移り、巨額の設備投資に頼らず価値を創れるようになった。おのずとモノの需要が物価を押し上げる力は弱まる。

米シカゴ大のオースタン・グールズビー教授らがインターネット上の物価上昇率と消費者物価指数（CPI）上昇率を同じ品目で比較すると、14〜17年のCPIが横ばいだったのに対し、ネットでは年1％程度の下落だった。「体温計」の目盛りが定まらない。

揺れる尺度で定めた目標を実現しようと大量供給されたマネーは経済に負荷をかけ始めた。国際金融協会（IIF）によると、世界の企業や政府が抱える債務は計250兆ドル（約2・7京円）。バブル懸念が消えない一方、「金利が下がりすぎると経済にむしろマイナス

先進国の多くは
インフレ目標を達成できていない

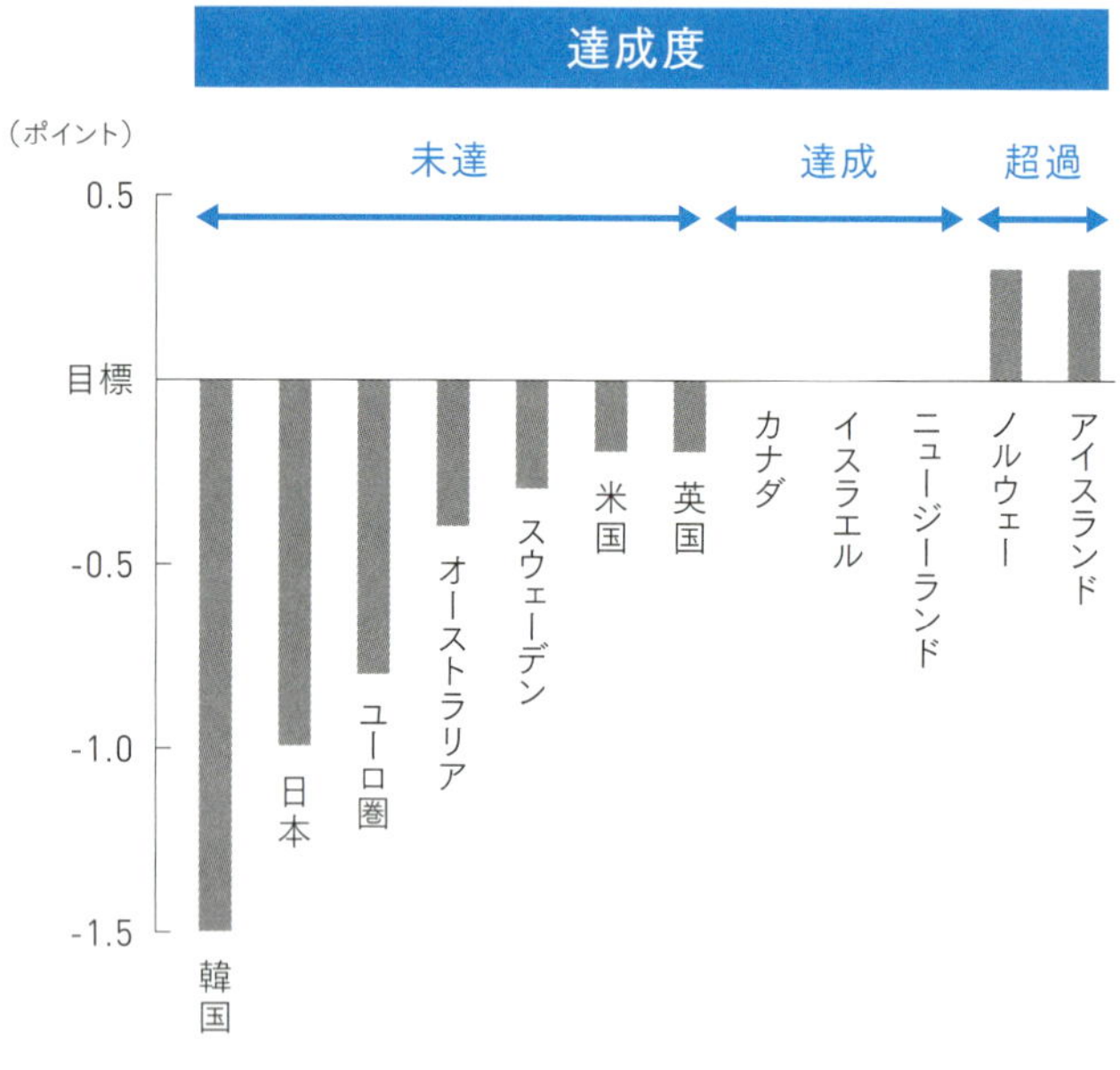

(注)各国中銀、IMFデータから作成(1人当たりGDP3万ドル超の国、2019年の目標値と予想値の差、目標に幅がある場合、原則として未達は下限との差、超過は上限との差)

に働く」というリバーサルレート論など現行政策の限界論議が盛んだ。

「中銀は新しい目標を設定する時機だ」。スイス金融大手ピクテはこんな論陣を張り始めた。中銀は経済的な不平等の解決といった幅広い目標を掲げるべきだとの主張だ。ノーベル経済学賞を受賞したフランスのジャン・ティロール氏は、不平等の拡大で富裕層を中心に過剰な貯蓄が進みやすいことも、金利を押し下げる一因だと指摘する。

「安住」許されず

変化もある。1990年に世界で初めて物価目標を導入したニュージーランド準備銀行は2019年4月、政策目的に「雇用の最大化」を加えた。欧州中央銀行（ECB）でも気候変動リスクへの対応を政策目的に加える案が浮上している。米連邦準備理事会（FRB）のようにもともと「物価安定」と「雇用最大化」の2つの法的責務を負う中銀もある。「物価の番人」の座に安住していいわけではない。

英イングランド銀行（中銀）のマーク・カーニー総裁は19年8月、複数国の通貨を裏付けにした世界共通のデジタル通貨構想を表明した。現行のドル偏重体制では各国がドルを過剰にため込みがちで、それが世界的な低金利の一因だとの問題意識がドル覇権への疑義という副産物につながった。

「低温経済」の要因は複雑に絡み合い、物価に代わる共通指標もまだ見当たらない。ただ経済が大きく変化していることは確かだ。金融政策もまた、従来の枠組みに縛られず、柔軟な思考で新時代に対応できるかどうかを試されている。

英イングランド銀行のカーニー総裁

Chapter 5

Interview Tsutomu Watanabe

デジタル化の影響捕捉を

東京大 渡辺努経済学部長

――なぜ物価目標は達成されないのでしょう。

「経済のデジタル化が根っこにある。インターネット通販が物価を下押しするのに加え、コンピュータが生み出す商品は模倣や複製にコストがかからない。無料の商品が広がれば従来の商品は価格を上げにくくなる。いま起きている技術革新は将来も物価の下押し圧力となり続ける」

――中銀は何をなすべきでしょうか。

「技術革新が経済にもたらす広範な影響をしっかり捕捉することだ。そのためには収集するデータの数を増やす必要がある。多くの人がネット通販を利用するようになったなら、通販サイトの価格を機械的に調べる『スクレイピング』といった技術の採用が欠かせない。従来の調査員による聞き取り方式では物価を正確に測れなくなった」

――物価目標はどのように設定すべきですか。

「物価統計の信頼性はどの国でも問われている。だからこそ米連邦準備理事会（ＦＲＢ）は１～２カ月ごとの目標達成にこだわるのではなく、中期的な達成を目指す議論を始めている。名目国内総生産（ＧＤＰ）の成長率といった新たな目標を採用したくなるのも、物価を測りにくくなったという認識が背後にある」

――日銀に求められることは何ですか。

「日本でも『経済の実情に合わせて物価目標を下げるべきだ』とする意見もあるが、目標を何％にという議論だけでは足りない。無料の商品やサービスなど非貨幣経済の規模が拡大していることを正面から見据え、政策をうつ必要がある」

「現在は伝統的な貨幣経済と技術革新が生んだ非貨幣経済が混在している状況だ。うまく切り分けて把握しないと景気判断などを見誤り、金融政策の信頼性が損なわれることになる」

――具体的には何から始めるべきですか。

「価格ゼロの経済の計測に踏み出すことだ。欧米では『タイムユース』といってネットの無料サービスを利用した時間から価値を測り直す取り組みも始まっている。日本でもスマートフォンの利用時間など検討できる分野はある。民間が持つビッグデータにアクセスする努力が必要になる」

――デジタル通貨の発行はどう考えますか。

「金融政策の視点では、金利がゼロやマイナスになったらデジタル通貨が必要になる。マイナス金利になると現金紙幣をため込む人が増えてお金が回らなくなるためだ。デジタル通貨なら当局の裁量により現金の利子率をマイナスにでき、マネーを循環させることができる。かつてケインズも紹介した考えであり、技術革新により可能となった」

——抵抗も強いのではないですか。

「現金の価値が目減りするのに嫌悪感があるのは事実だ。しかし債券がマイナス金利なのに現金だけマイナスにならないという理屈はない。技術革新にしたがって発想を切り替える必要がここにもある」

Tsutomu Watanabe

専門は金融政策と物価理論。１９８２～99年の日銀勤務後、一橋大教授などを経て２０１１年から現職。独自の物価指数の開発でも知られる。

Chapter 5

Reportage 2

再配分の網、こぼれる40億人

――「賢い支出」論より証拠へ

消費増税などによる景気の落ち込みを防ぐため、政府は２０１９年末、財政支出を13兆円規模に積み上げた経済対策を打ち出した。成長分野や防災を重視したというが、賢い支出（ワイズスペンディング）だと胸を張れるか――。

データで格差縮小

繁栄と貧困が共存する米ニューヨーク。ここ10年余り、データを使った格差縮小に力を注ぐ。データサイエンティストや経済学者ら約60人が市長直轄の部署に集まり、市当局が独自に持つ食費や住宅の補助などに関する記録を分析。住居費補助なら5・9ポイント、食糧費補助は３・２ポイントの貧困率の押し下げ効果があるというように政策効果を測る。

工場労働者など中程度の技能の就業者シェアは低下

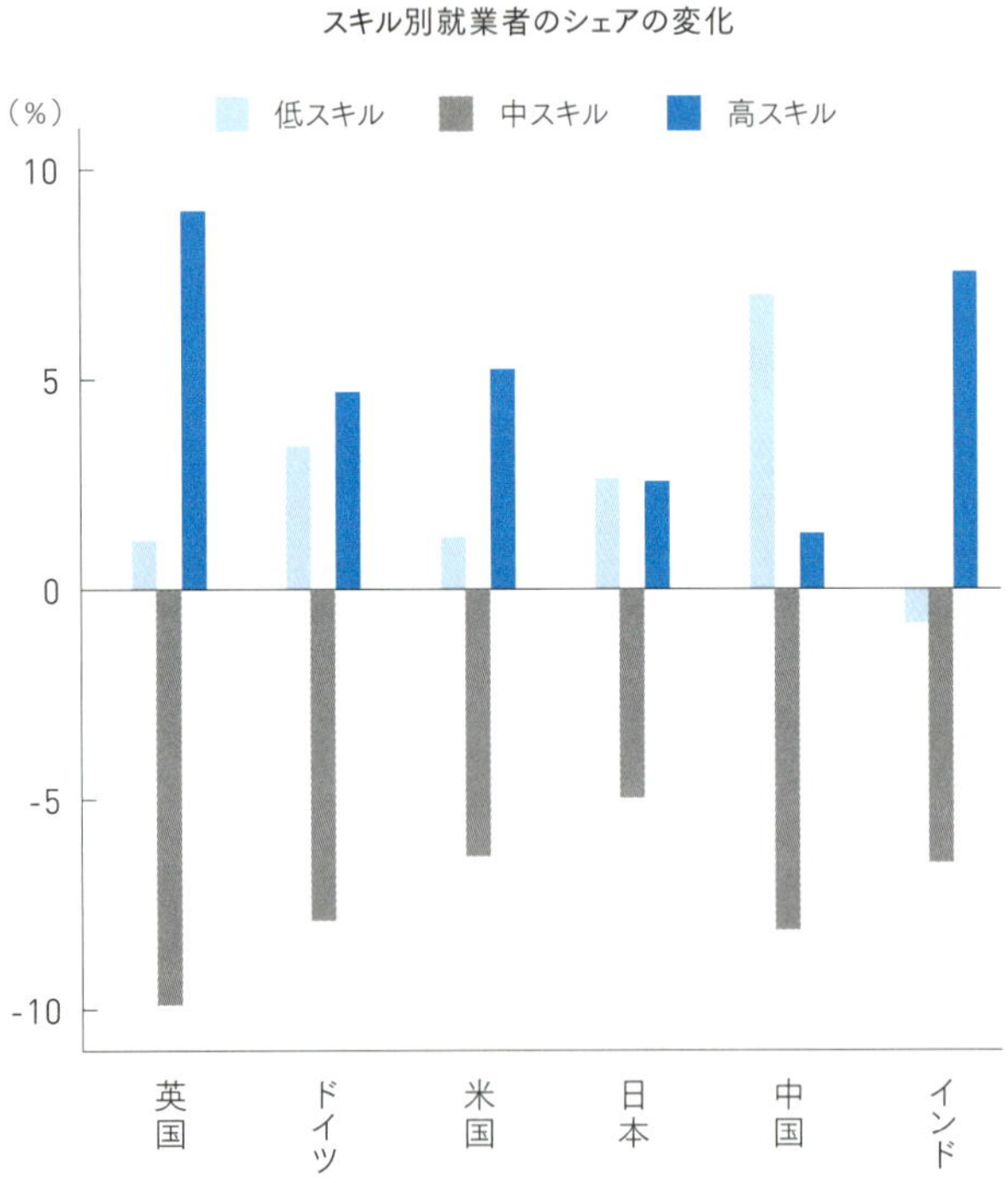

(注)日米英独は1995～2015年、中国は2000～10年、インドは1994～2012年

(出所)OECD

「かつてはどの政策がどれだけ効くのかきちんとわかっていなかった」（市担当者）。印象論や思い込みではなく、科学的根拠（エビデンス）を積み上げることをめざし、同市の２０１７年の貧困率は19％と5年前より１・7ポイント低下した。

データや知識がより重要になる新たな経済では格差の拡大が世界共通の課題だ。データを握る巨大企業や独創的なアイデアを持つ一握りの人に富が集まりやすいからだ。経済協力開発機構（ＯＥＣＤ）によると、30年間で主要先進国の実質所得は高所得層で１・6倍に膨らむ一方、低所得層は１・2倍にとどまった。

モノ中心の経済の前提が崩れ、工場労働者ら中程度の技能が必要な仕事の比率は先進国でこの20年間、10ポイント低下した。高い能力の専門職と単純サービスに雇用と収入が二極化する一方、デジタル分野の新たな国際課税ルール作りは途上で、国境を越えて巨額の利益を稼ぐ巨大企業からうまく税金を徴収できていない。格差が広がり、富の再分配の網からこぼれている人々に、経済成長の恩恵をきめ細かく届けられないか。

カギは技術にある。例えばインドの個人識別番号「アドハー」。国民の9割、12億人が登録し、顔認証などを通じ銀行口座が持てなかった人も金融サービスを使える。新興国の人々に小口金融を提供する「五常・アンド・カンパニー」（東京・渋谷）はアドハーに連動した口座を使い、キャッシュレスで融資を回収する。紙幣を数える手間がなく、金利も抑えられる。「技術は格差

マイクロファイナンスの「五常・アンド・カンパニー」はインドで指紋認証を使い融資を回収する

縮小に生かせる」と慎泰俊社長は語る。

技術が政策磨く

マッキンゼーによると、世界76億人のうち10億人は身分証がなく、34億人は身分証があってもデジタル化が十分ではない。デジタル技術を使えば届くはずの再分配の網から44億人がこぼれ落ちている計算だ。デジタルＩＤは監視社会への警戒感が伴う半面、大量のデータを集め、政策の効果を科学的に分析し、制度を精緻に磨く武器にもなる。

日本は15年にマイナンバーを導入したが、カードの交付率はわずか14％。カードを健康保険証として使うことさえ21年と先だ。利便性に疑問が残り、データに基づく政策論議もなかなか熟さない。東京財団政策研究所の森信茂樹研究主幹は「デジタルＩＤを生かした税と社会保障の再構築が不可欠」という。限られた財源を賢く使うには「論より証拠」を支える新たな技術と発想が欠かせない。

Chapter 5

Interview Peter Thiel

グーグルは革新的であるには大きすぎる

パランティア・テクノロジーズ共同創業者 ピーター・ティール氏

ビリオネア（億万長者）の投資家でもあるピーター・ティール氏は、米中央情報局（ＣＩＡ）やクレディ・スイスを顧客に持つビッグデータ分析会社パランティア・テクノロジーズを率いる。社名の由来は映画にもなった「ロード・オブ・ザ・リング（指輪物語）」の水晶玉だ。そこから世界の技術革新をどう見通しているのかを聞いた。

「米シリコンバレーは非常に簡単な種類の製品に焦点を合わせてきた」。ティール氏はこう話し、シリコンバレーが携帯電話、インターネット、データ、コンピューターのみに注力していることに不満を示した。無視されてきた分野として挙げたのは、超音速飛行機、水中都市、グリーン革命、農業、新薬だ。そのうえでGAFAをはじめとしたテクノロジー企業がデータ管理やプライバシー侵害などで批判されている理由の一つには、こうした技術革新の不十分さがあると指摘した。

「シリコンバレーの大企業はテクノロジーが世界をどれだけ変え、より良くするかという点で多くのことを約束した。だが、それがどれだけ提供されたか疑問がある」。ティール氏が例に挙げたのは、自動運転車を作ると約束し、10年かけても実現できていない米グーグルだ。「そもそも馬から車に移行することのほうが、車から自動運転車に移行することよりも大きかった。シリコンバレーのプロパガンダ（宣伝）には何か問題があった」

なぜイノベーションは失速したのか。ティール氏はグーグルのようなビッグテックと呼ばれる企業の規模が大きすぎると指摘し、「非常に大きな会社は、必ずしも最も革新的ではない」と主張する。ティール氏は投資家として常に新しい中小企業を探しているという。「これまでに解決されていない問題、それもまだ問題だと認識すらされていないような分野で問題を解決しようとしているユニークな企業を見つけようとしている」。スタートアップ企業は、ライバルがいない寡占状態で成長することが大事だとも指摘した。

米トランプ大統領の支持者であるティール氏は、リベラル派のシリコンバレーの起業家の間では珍しい存在だ。「米国は正しい軌道に乗っていない。グローバル化は米国のために機能していない。現時点で米国が世界で最も偉大な素晴らしい国だという人がいれば、それは現実離れしている」。ティール氏はこう話し、現状打破を訴えるトランプ大統領に共感する理由を説明した。

こうした政府への不満は、先進国で進展する不平等の拡大をどう解消するかという問題に関連する。ティール氏は米欧が直面している経済的課題の主な原因は停滞だと分析している。「若い世代は全体として彼らの両親よりもうまくやっていない。不平等が大きいが成長率が3％ある経済と、不平等が小さいがゼロ成長の経済を比較すれば、前者のほうが優れている」

エリザベス・ウォーレン上院議員などは富の再配分による不平等の解消を訴えているが、それに対しては政治制度がうまく機能していないことが問題だと主張した。「私が住むカリフォルニア州はお金の使い方がひどい」。ティール氏は州の公立学校の欠点などを挙げ、こう話した。
「政府がもっとうまくお金を使うのであれば、私はもっと税金を払うだろう」

Peter Thiel

決済大手ペイパルの共同創業者。著名な投資家で、イーロン・マスク氏など同社OBが集まる「ペイパル・マフィア」のドンとされる。米フェイスブックに最初に資金を投じた外部投資家で、経営にも関わる。米トランプ大統領の有力支持者としても知られている。

Chapter 5

Reportage 3

生産性の伸び3分の1に停滞

――「人材＝国力」深化する時代

毎年、最新版がまとめられる政府の成長戦略。だが政策の枠組みそのものが古びてはいないか――。

街中の携帯ショップ。他社からの乗り換えを促す「動画見放題」の売り文句が目立つ。特定の動画サイトをどれだけ見ても通信速度が遅れず、追加料金もないプランだが、政策当局や専門家の悩みの種だ。森亮二弁護士は2019年11月、総務省の審議会で「このままでは海外大手のコンテンツばかりになる」と懸念を示した。

消費者囲い込み

プランの対象は米グーグルなど巨大企業傘下の動画コンテンツばかりで「中小や新規のサービスが駆逐される恐れがある」（森氏）。と

街頭には動画見放題をうたう広告が増えた

ころが独占を取り締まる公正取引委員会も対応に苦慮している。従来の独占といえば価格の上昇を通じて消費者に不利益をもたらすが、動画見放題は負担「ゼロ」だからだ。

東大の大橋弘教授は「経済の変化に競争政策の発想が追いついていない」と指摘する。データや知識をテコに成長する経済では新たな価値を生み出すための追加費用がかかりにくい。多くのサービスが「無料」となり、消費者を雪だるま式に囲い込む。データや人材、市場の独占が加速し、その弊害として懸念されるのが生産性の停滞だ。

英ケンブリッジ大の研究者は、巨大デジタル企業などの独占で新規参入が阻まれ、経済の長期的な生産性が0・6%押し下げられていると試算する。日米など先進国の5年ごと

アクセンチュアの村重慎一郎さん（左から3人目）のアドバイスを受けながら発表資料を作成する学生たち（2019年12月、福島県会津若松市の会津大学）

の年平均の労働生産性をみても、2015年の伸びは2・6％と1975年の3分の1に満たない水準に鈍った。

一人ひとりが技術革新の恩恵を生かし、生産性を高める道はないか。米ジョージ・メイソン大のタイラー・コーエン教授は「新しい情報技術に対応した教育」を訴える。日本は江戸時代の男子の識字率が世界最高水準の40～50％とされ、明治維新後の近代化を支えた。同じく「デジタル識字率」を引き上げ、人材づくりをより深めることが新時代の国力の決め手となる。

もっとも、経済協力開発機構（OECD）の調査では日本の働き手のデジタル化の程度は0～1の評価で0・5と英国（0・7）や米国（0・6）より遅れている。教員も8割はＩＴ訓練が必要だとされる。だが国がトップダウンで政策を変えるだけが解ではない。

市民主体で挑戦

例えば人口約12万人の福島県会津若松市。19年４月以降、アクセンチュアなど21社から約４００人の技術者らが移り住んだ。同市では公用車の走行データを公開し、地元・会津大の学生が「どこの除雪が足りないか」などを分析。結果を市民に提供している。会津大で学んだ花田祐輔さん（25）はアクセンチュアに勤める一方、住民による新たな宅配サービスの開発にも乗り出した。市民主体の挑戦が企業や人材をひき付ける。

ネオエコノミーとどう向き合うか。発想の転換を問われているのは私たち一人ひとりだ。

生産性が世界的に伸び悩む中、日本はデジタル化で出遅れ

5年ごとの労働生産性の伸び率（年平均）

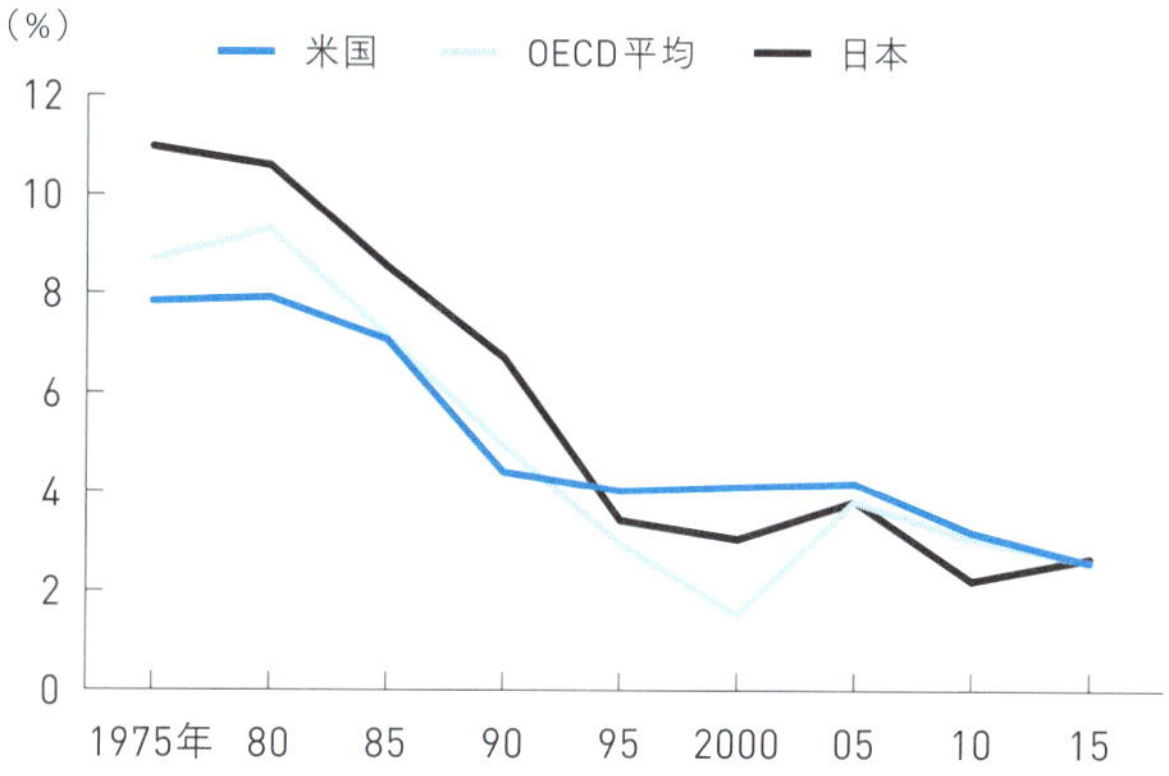

仕事のデジタル化

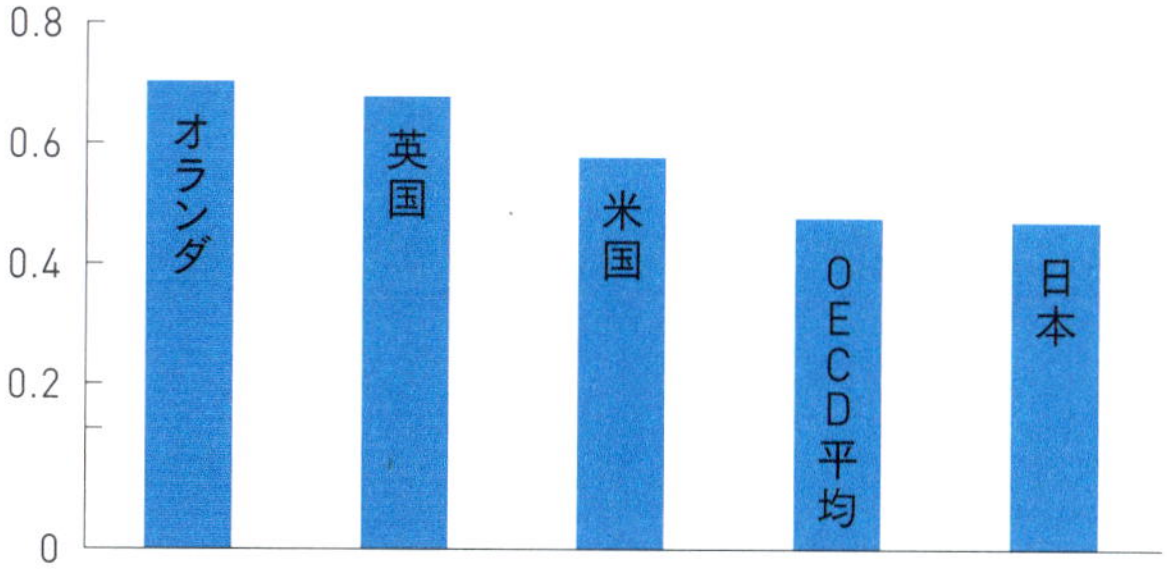

（注）デジタル化は労働者の仕事に占めるICT業務の度合いを0～1でOECDが算出

（出所）OECD、日本生産性本部

Chapter 5

Interview Tyler Cowen

技術革新、痛みの先に

ジョージ・メイソン大　タイラー・コーエン教授

——デジタル技術の進歩による恩恵はどの程度広がっていますか。

「インターネットは情報伝達において大きな進展をもたらした。人工知能（ＡＩ）が次の飛躍を担う可能性も高い。ただ、大きな恩恵を受けるのは特定の人に限られる。コンピューターやソフトウエアの技術にたけた人に有利だ」

「インターネットの登場をもってしても、米国の生産性はかつてより下がった。我々が思うほどネットがなし遂げていることは多くないということだ。新興国の工場を遠隔で運営するなど一部では有効に機能しているが、米国や日本の労働者にとっての恩恵はまだ小さい。ネットによる生産性向上にはもう少し時間がかかる。物理的な物体がネットとより結びつけば変わる」

――技術の進展を受け人は変わりましたか。

「我々は豊かになり、リスクを嫌うようになった。今に満足しており、危機を受け止める貯蓄や力強さに欠けている。将来のための大胆なビジョンが必要だ。直近の大きな変革はスマートフォンだった。全ての人を世界の情報網とつなぐ壮大かつ楽しいミッションだ。同時にスマホは人々を受動的にした。人は抗議運動に出かけるのではなく、スマホを見続ける。長期的には社会をむしばむだろう」

「教育を受けていない人の受ける恩恵は小さくなってきた。1970年代は高校を出て、工場で働き、結婚して子どもが生まれ車を買う。裕福でなくても並の生活ができた。今は簡単ではない。家賃は上がり、工場の職は中国や他の場所に移った。良い職につくには忍耐と学位を要する。米国の都市で人種による分離が進んでいるが、偏見ではなく経済的な理由からくるものだ」

――再び革新を生み出すには何が必要ですか。

「とても痛みのある調整を伴う。まず現状の政策の失敗を受け入れる必要があるためだ。トランプ米大統領の誕生はその調整の最初とも言える。もはや機能しなくなった古い秩序の消滅の始まりだ」

「米国外に移転した工場が全て返ってくるわけではないし、返ってもロボットの仕事だ。今は人が新たな秩序に対応する生き方を見つけるための、調整の期間にある。痛みとは失業や借金かもしれない」

――政府はどう向き合うべきでしょうか。

「日本は孤独と高齢化の問題を抱えるものの、基本的に平穏で秩序立って社会が運営されている。都市にも良心的な価格で住める。人口減も乗り越えられる課題だ。外国人材の受け入れという変革も始まっている」

「私は自分が（超音速旅客機の）コンコルドに乗る日を信じていた。技術的に可能で今の方が安くできるが、コンコルドがなくなったのは住民が騒音を嫌がったためだ。やらせない理由はいくらでもあり、幾つかの点で我々は後退した」

「経済と無関係の障壁が多い。官僚制度や規制もそうだ。規制緩和をして人々が長期的に積極的な未来志向を持てれば、長い痛みの過程を乗り越えた上で新たな技術革新は再び起こると思っている」

Tyler Cowen

米ハーバード大で博士号取得。欧米で最も影響力がある経済学者の一人で、経済ブログも運営する。著書に『大停滞』『大格差』『大分断』。

Interview Robert Gordon

無料で得られる価値多く

ノースウエスタン大 ロバート・ゴードン教授

――生産性が長期にわたって低迷している原因をどう見ますか。

「コンピューターは１９８０～90年代のビジネスを根本から変えた。一方でスマートフォンはビジネスを変える基本要素とは言えない。ＳＮＳ（交流サイト）で人々は伝達し合うが、それは企業の生産活動と異なる。今日の革新が過去のそれと比べて重要でなくなってきた」

「米国の生産性指標は２０１８～19年にかけてわずかに復調した。ロボットや人工知能（ＡＩ）の効果が表れ始めたと考えている。ＡＩは言語の翻訳や音声認識に小さな衝撃をもたらした。だがコンピューターの発明に比べれば影響度は小さい。第4次産業革命を担うロボットやAIが及ぼす影響は極めて緩慢に表れる。例えば我々はまだ自動運転を実現できていない」

――既存の統計が無料サービスなど経済の実態を捉えきれていないという指摘があります。

「我々はかつても無料サービスを手にしていた。テレビの発明で娯楽番組が無料で放映され、人々は映画館に行かずに済むようになった。ただ無料で得られる情報量が昔と比べ今ははるかに多く、かつ価値があるということだ」

「スマホから消費者が大きな恩恵を受けていることは疑いようがない。だがそれはビジネスによる生産物とは異なる。消費者は、ビジネスの生産や生産性と無関係のところで利益を受けている」

――経済に対する「向かい風」として今は何に注目していますか。

「人口減は簡単に理解できる向かい風だ。出生率は低下し、トランプ米政権は移民の受け入れを抑えようとしている。人口増を許容するための工場や設備が必要なくなり、投資動機を減らす」

「かつては高度教育を受けた人の割合が増え、経済成長に貢献した。今では大学を出ても単純労働に携わっているケースが多い。学位の取得が生産性の向上に及ぼす影響が薄れてきた」

――政府の取るべき施策は。

「米国はドイツのように職業訓練にもっと投資すべきだ。政府と企業がお金を出し合って訓練の機会を提供し、学校教育にしか目を向けていない米国人学生の技能を高めるべきだ。それが産業の生産性を高め、格差の解消にもつながる。大学を卒業してもそれに見合った職がないのだから、全ての人が大学に行く必要はない」

「政府は移民の受け入れももっと促せる。グーグルの創業者をはじめ、移民が果たした革新における役割の大きさは驚くべきものがある。我々は壁を作って国境を気にするよりも、創造的な人々を受け入れる必要がある」

――日本の生産性を高めるための施策をどう考えますか。

「小規模農家を守る施策が生産性の低下をもたらしている。多くの国ではそうした施策をとっていない。日本は深刻な人手不足を抱えており、小規模農家の保護をやめることは日本経済に資すると考える。大規模農家が土地を買い、小規模農家は都市に出て、より人手を必要とする労働力として加わるべきだ」

「小規模小売店の保護についても同様のことが言える。大手チェーンが多品種で低価格の商品を消費者に提供し、消費者が見返りを得ることは経済の自然な進化だ」

Robert Gordon

長期停滞論を代表する論客として世界的に知られ、技術革新と生産性を分析。著書に『アメリカ経済　成長の終焉』。

Interview Toshitaka Sekine

長期停滞、制度変更で克服

日銀金融研究所
関根敏隆所長

――デジタル革命は体感的に大きなインパクトがあるのに先進国は低成長・低インフレから抜け出せず長期停滞論は根強くあります。どうしてでしょうか。

「仮説の1つは、デジタル革命が産業革命と比べて小粒だという説。2つ目はデジタル革命は効果があるのに、大企業の囲い込みなどで波及がうまくいっていないという説。3つ目はデジタル革命が実現するまでに時間がかかるという説。4つ目は単に統計の計測誤差であるという説だ。4つが同時に起きている可能性もある。謎は解けていない」

「長期停滞には人口動態が関わっているのではないかという見方がある。停滞は先進国中心に起きているが、少子高齢化も同時に起こっているためだ。私は可能性が高いと思っている。だが悲観する必要はない。少子高齢化はいつまでも続かないし、たとえば日本人の生物学的な年齢は若返っている。今の70歳は昔の70歳より若い。生物学的な年齢に基づいた制度設計ができれば、実はそんなに困ったことが起こらない可能性がある。高齢者の働き口が多くなれば経済成長にポジティブだ」

「長期停滞論を前提としたときにとりうるマクロ政策は何か。中銀はゼロ金利制約があるなかで非伝統的な金融政策に取り組んでいるし、国際会議での議論をみると財政余力がある国については財政出動を求めるというのが選択肢になっている。加えて（高齢者労働などの）制度を調整するという考えもあると思う」

――国内総生産（GDP）の懐疑論は古くて新しいテーマです。

「無料サービスが増えるデジタル革命をGDPでどう捕捉するかが大きな論点だ。おそらく企業収益や雇用者所得といった分配面からみることになるだろう。支出と生産と分配は三面等価の原則がある。無料のサービスでもデータのやりとりが経済価値を生んでいるケースがあり、そうしたケースではどこかで企業が収益にしていると考えるとモニターできるのではないか」

――中銀デジタル通貨も含めた金融システムの未来形は。

「我が国で中銀デジタル通貨を発行するには法律面で詰めなければならない問題が多々ある。ただ技術革新でより利便性の高い通貨を模索すべきというのはごもっとも。決済環境や技術環境の大きな変化によって、中銀デジタル通貨の必要性が急速に高まることもありえる。そうした状況に対応できるように調査研究をしっかりやっていく」

――世界的に格差が拡大しています。経済成長にもたらす影響は。

「極端な格差の拡大が経済成長を阻害するのはコンセンサスに近い。だが中銀が用いる一般的な経済モデルでは家計に格差が存在しない前提で金融政策の効果を評価する。今の格差の大きさを考えるとそれでよいのかという議論がある。たとえば金融緩和の効果で将来の需要を今使ってしまう『前借り効果』があるが、経済学でいま議論されている『ヘテロジーニアス・エージェント・モデル』は所得をすぐに消費する『ハンド・トゥ・マウス効果』も考慮する。お金が借りたくても借りられないという資金制約に直面する家計のことだ。金利の低下に伴う所得の増加により資金制約がなくなれば、すぐに消費する人たちが出てくるため、前借り効果以上に需要が刺激されるというメカニズムも働く。金融緩和は需要の前借りだけだから意味がないとかいうと、そうでもないといえる」

――経済の構造が大きく変わりつつありますが、50年後も中銀の存在意義は揺るがないと思いますか。

「中銀は1600年代から続いている。50年後については、名前が『中央銀行』のままかは分からないが、物価の安定と信用秩序の維持は必要なので、それを担う中銀の使命はあまり変わらないのではと思っている。AIなどの進化によって、経済や金融システムが変化するので、それにそって我々の考え方も柔軟に変えていかねばならない」

「日本銀行の調査月報にフィリップス曲線が初めて出てきたのは1975年だ。今はこれに代わる物価決定のメカニズムは知られていないが50年前はそれなしで物価を論じていた。50年後、金融政策を全く違うフレームワークで考えることは当然あり得るだろう。我々の使命は変わらないが、それを実現する政策思想は相当変わるだろうと思う。いずれにせよ、世の中で起きている経済学の動きをかみ砕いて金融政策に還元することは続けていくのだと思う」

Toshitaka Sekine

日銀の筆頭エコノミストである調査統計局長などを歴任。2019年8月から現職で、金融政策に役立てるための基礎研究を担う。

Chapter 5

Interview Chiara Criscuolo

デジタル化の恩恵で格差

経済協力開発機構（ＯＥＣＤ）

キアラ・クリスクオロ氏

――世界の生産性はどのように推移していますか。

「経済協力開発機構（ＯＥＣＤ）の加盟国全体でみると、生産性の伸びは概して明らかに減速している。国によって異なるが、生産性の減速はこの15年ほど起きている現象だ」

「とりわけ米国では１９９０年代の初めまでＩＴ革命が起爆剤となり、関連の製造業もけん引して伸びが力強く加速していた。それが２０００年代初めから（技術革新などを反映する）全要素生産性の悪化により減速した。２００７年以降の金融危機を経て減速はさらに急激になった」

――生産性を鈍らせた要因は何ですか。

「経済の比重が（生産性が比較的高めの）製造業からサービス業へ移ってきていることが挙げられる。資源の再配分が迅速に進まず、開業率は下がる一方で廃業率が低位にとどまれば、創造的破壊が少なくなる。新規参入の圧力が無ければ、生産性のカギである技術革新が既存の事業者から生まれにくくなる」

――社会のデジタル化はどんな影響をもたらしていますか。

「デジタル化は貿易コストを下げ、非貿易財とみられていたサービスを貿易財にして、世界中の市場へのアクセスを可能にした。ところが中小企業や大半の生産性が低い企業がデジタル技術を十分に取り込めていないのが課題だ。使いこなす技能の不足や規制が足かせになっている。クラウドコンピューティングが好例で、中小企業はサーバーなどへの大型投資なしにＩＴの恩恵を受けられるようになったが、先進的企業と同じスピードで技術を導入できていない」

――生産性の視点で日本の現状をどうみますか。

「他の国と同じく生産性の減速に直面しているが、我々の研究によれば、大企業と中小企業の生産性の格差が比較的大きい。従業員規模の小さい企業は小さいままとどまり続ける傾向がある。規制緩和によって対等な競争環境を作り、成長余地の大きい革新的な中小企業を底上げしていくことが重要だろう。企業のダイナミズムを高めるうえで女性の役割も重要だ」

Chiara Criscuolo

英ユニバーシティ・カレッジ・ロンドンで博士号。2017年からは生産性・イノベーション・アントレプレナーシップ部門長を務める。

Chapter 5

Interview Tomohiro Inoue

国家が大胆な再分配を

駒沢大
井上智洋准教授

――技術革新で仕事は増えるのでしょうか。

「人工知能（ＡＩ）の発達は経済の生産性を高めても仕事を減らす可能性がある。ＡＩ化が進んだ米国ではすでに就業率や労働参加率が低下している。日本もＡＩが搭載されたロボットなどが普及する２０３０年ごろには全体的に雇用が減る事態もありうる」

――なぜですか。

「過去の工業化と現在の情報化では異なる経済法則が働くからだ。情報化の時代は、追加的な生産をするための費用はゼロだ。たとえば少人数で優れたソフトウエアを作ってしまえば、その後のコピーは無料だ。ＩＴで新たな職種が登場したとしても、多くの雇用は生まれない」

「米国では中間層で失われた雇用が、すでに存在する低賃金の仕事に流れている。これを私は『労働移動の逆流』と呼んでいる。失われた雇用が経済学で想定していたように新たな職種に流れるのではなく、古い職種に流れるという意味だ。技術革新による失業は短期的にしか起きないのが経済学の常識だったが、そうでなくなってきている」

――その現象は経済全体をどう変えますか。

「格差の拡大と消費需要の減退を招く。一部の技術者や富裕層が富を得ても、多くの人はモノを買えなくなる。生産性が向上しても需要不足により経済が成長しない。今も先進国は軒並み低成長に直面しているが、長期的にはさらに状況が悪化する可能性もある」

――政策当局は何ができますか。

「政府は研究開発や教育といった必要な分野への投資を増やすべきだ。国民に直接お金を配るベーシックインカム（最低所得保障）も真剣に検討すべき時期だ。現在の金融緩和は金融機関にとどまるマネタリーベースは増やしているが、消費者の手元に届いていない。冷たいお風呂を温めるには単に金融緩和でお湯を足すだけでなく、再分配でかきまぜる作業が必要だ。すでにイタリアは限定的に導入し、フランスも導入を検討している」

――財源はどう確保するのですか。

「例えば日本で1人に1カ月7万円を配るとしたら100兆円の財源が必要になる。給付の分でいらなくなる社会保障費や雇用創出の予算を削るとしても、財源は足りない。税金でまかなうなら富裕層の所得税率を大幅に引き上げるなどの対応をしなければならない。相続税の引き上げや環境税の導入も選択肢となるだろう」

――反発は大きいでしょう。

「財源を確保するには富裕層に増税を納得してもらうことは避けて通れない。技術革新による全般的な需要不足は、モノやサービスが売れなくなる富裕層にとっても打撃となる。1920年代に自動車のフォードは多くの従業員の賃金を上げることで需要を作り出したが、今それをできるのは国家だ。全般的な需要不足の可能性に気づき、大胆な所得の再分配をはじめた国が

21世紀の勝者になるかもしれない」

――国単位では可能でも、グローバルな格差縮小に役立ちますか。

「国連のような機関が先進国から拠出金を集めて世界に配るというやり方は考えられるが、現在のような機能を担う組織はない。国を超えた再分配の強化は将来の検討課題だろう」

Tomohiro Inoue

専門はマクロ経済学。早大で博士号を取得し、17年から現職。ＡＩと経済の関わりを研究し、総務省の検討会議の委員も務めた。

Interview Emmanuel San Andres

政策立案、多様な指標参照を

アジア太平洋経済協力会議（APEC）

エマニュエル・サンアンドレ氏

©APEC・チリ2019

――2019年11月に国内総生産（GDP）の統計としての限界を指摘したリポートを発表しました。

「GDPは重要な経済指標だが、財やサービスの質、富の分配や格差、経済活動に伴う環境への負荷、無料のデジタルサービスが生む価値は測れない。『GDPの父』と呼ばれる米国の経済学者、サイモン・クズネッツも1930年代にこうした欠点を既に指摘していた。無料で使えるメールやSNS（交流サイト）が普及した今、限界がより認識されるようになった」

「人間の健康を測る場合も血圧だけでなく、脳や目の状態など身体のあらゆる状態を検査する。

経済を測る際も、経済成長に伴うコストや国民の幸福など様々な指標を検討するのが有益だ」

――**21世紀中にGDPに代わる有力な指標が確立されるでしょうか。**

「例えばニュージーランドは経済成長率だけでなく、人々の幸福や格差是正を重視した予算編成をしている。今後も多くの国が多様な指標を参照し、政策を検討するようになるだろう」

「ただ、他国や時系列の比較がGDPほど容易な有力指標はまだない。急拡大するデジタル経済の規模を計測しようとするなら、まず各国共通の定義を確立する必要がある。GDPの概念が20世紀に固まるまでに多くの検討過程を経たように、デジタル経済の統計の確立にも時間がかかる」

――**アジア太平洋経済協力会議（APEC）は経済の質の向上に、どう取り組んできたのでしょうか。**

「2010年に横浜市で開いたAPEC首脳会議の成長戦略では『均衡ある、あまねく広がる、持続可能で、革新的で、安全な成長の達成』を掲げた。2017年にベトナムで開いた首脳会議でも2030年までに、より包摂的な共同体の実現を目指すことで合意した」

「2020年の議長国のマレーシアは『繁栄の共有』を掲げ、『GDPを超えて』というテーマを深めようとしている。1994年にAPECが採択した『ボゴール宣言』は2020年までに貿易・投資の自由化の達成を目指すとしており、２０２０年はその先の目標を議論する年になる。具体的な内容は首脳が議論することになるが、１９９４年当時に比べ、持続可能性、不平等の拡大、デジタル経済といったテーマはより切実になっている」

――経済の質の変化は中銀の金融政策にどのような影響を与えますか。

「世界の中央銀行の伝統的な政策手段はインフレ目標だ。ただ、無料のデジタルサービスが浸透する中で、インフレ目標が適切な手段かどうかについては多くの議論がある。リーマン危機後に世界の中銀は大量の流動性を市場に供給したが、物価上昇率が低いままの国もある。足元の変化を踏まえ、中銀がどのように機能するかという問題は根本的な課題だ」

Emmanuel San Andres

アジア開発銀行（ＡＤＢ）や世界銀行などを経て現職。２０１９年11月にＧＤＰの限界を指摘したリポート「Counting What Counts」を発表。

おわりに

難しいのは新しい考え方自体ではなく、古い考え方から逃れることにある——。ずっと意識していた英経済学者ジョン・メイナード・ケインズの言葉だ。スマホ一つあれば生活できる豊かさが広がる半面、長期停滞といわれる低インフレ、低金利が続く。経済は大きく構造転換し、私たちが当たり前だと思い込んでいるものとは異なる姿に変わっているのではないか。そんな時代認識から日本経済新聞の連載「Neo economy」は出発した。

例えば1900年近くかけて11倍になった世界の国内総生産（GDP）は、その後の150年弱で31倍に膨らんだ。産業革命以来、人類はモノを効率的につくることで経済を成長させた。しかし21世紀に入ると、デジタル技術の進歩にもかかわらず成長率がかえって鈍る矛盾が広がった。

なぜか。まず、豊かさを生み出す前提が変わった。富の源泉はモノから、データやアイデアなど形なき資産に移った。情報を支配する巨大企業に富が集中する一方、デジタル技術を使いこなす個人は距離や時間に縛られない自由を手にした。

従来の物差しでは測りきれない豊かさも広がる。情報提供の見返りである無料サービス。所有にこだわらないシェア経済。データによって需要と供給を直接つなぐ新たな市場が生まれ、価格だけが経済的な価値を伝える手段ではなくなった。

古い考え方を覆すのは、そのままでは説明できない事実の積み重ねだ。科学哲学者クーンは、「地動説から天動説へ」といったパラダイムの転換は長い時間をかけて起きると唱えた。世界は変革の中にある。国家も企業も個人もその渦に巻き込まれる。私たちが目にする日々の変化に、ネオエコノミーの姿が映る。

「Neo economy」取材班

大越匡洋

田中孝幸

高橋元気

髙見浩輔

松尾洋平

松本裕子

小野由香子

竹内宏介

大島有美子

小太刀久雄

中西豊紀

中野貴司

篠崎健太

大塚節雄

NEO ECONOMY ネオ・エコノミー
世界の知性が挑む経済の謎

2020年5月21日　1版1刷

編者　日本経済新聞社

発行者　白石賢

発行　日経BP
日本経済新聞出版本部

発売　日経BPマーケティング
〒105-8308
東京都港区虎ノ門4-3-12

装丁　新井大輔
本文デザイン　中島里夏（装幀新井）
組版　マーリンクレイン
印刷・製本　三松堂

ISBN 978-4-532-35852-5 Printed in Japan